AF422141

COMMENT ANALYSER LES GENS

Comment déchiffrer le langage corporel, comprendre la psychologie comportementale et la communication non verbale afin de vous défendre contre les techniques de manipulation

SAMUEL GOLEMAN

Avis de non-responsabilité

Veuillez noter que les informations contenues dans ce livre sont uniquement destinées à des fins éducatives et de divertissement. Tous les efforts ont été faits pour présenter des informations exactes, actuelles, fiables et complètes. Aucune garantie de quelque nature que ce soit n'est donnée ou sous-entendue. Les lecteurs reconnaissent que l'auteur n'est pas engagé à fournir un traitement médical car il n'a pas reçu de formation médicale.

INTRODUCTION

Combien de fois avons-nous eu une mauvaise impression de quelqu'un sans même lui avoir adressé la parole ? Nous sommes-nous surpris à dire que nous n'aimions pas le visage de cette personne, simplement à cause d'une impression tirée d'une photographie ? Cela n'a probablement rien à voir avec le fait que nous soyons de bonnes ou de mauvaises personnes. Il s'agit d'un mécanisme complexe d'évolution et d'adaptation que nous avons hérité de nos ancêtres primates.

Contrairement au nôtre, le monde animal n'a pas de langage verbal. Nous concevons un outil qui nous permet de communiquer avec d'autres personnes, au moyen d'un code linguistique appris, que nous connaissons depuis notre plus tendre enfance. Même si nous nous déplaçons d'un pays à l'autre, nous pouvons toujours communiquer si nous apprenons un code qui est parlé par un plus grand nombre de personnes dans d'autres pays du monde.

Mais le langage corporel est un outil bien plus puissant. À tel point qu'il peut nous ouvrir des portes dans des pays aux cultures si éloignées de la nôtre, rien qu'en faisant un geste. Nos proches parents, les primates tels que les bonobos, les chimpanzés et les gorilles, entre autres, communiquent sans avoir besoin d'apprendre nos langues. Dans le monde pragmatique de la nature, le langage est inutile pour régler un conflit.

Malgré notre grande intelligence, la preuve la plus évidente de notre maladresse se trouve dans les statistiques de la violence sociale. Si nous réglions nos conflits par un langage corporel affirmé, nous ne compterions pas aujourd'hui les millions et les millions de morts dans les innombrables conflits de l'histoire de l'humanité.

Ce livre sur le langage corporel a pour but de guider le lecteur dans un monde fascinant où chaque geste, aussi insignifiant qu'il puisse paraître, a une grande charge et un grand pouvoir pour résoudre tout type de situation qui se présente dans la vie de tous les jours.

En assimilant les connaissances présentées ici, il est possible de savoir comment et pourquoi une personne se comporte comme elle le fait, quels sont les gestes les plus séduisants lorsqu'il s'agit de faire la cour, comment régler les conflits, comment mieux négocier, comment persuader, comment se faire aimer ou comment établir la confiance avec des étrangers.

Après le voyage que nous vous proposons dans ce livre, à travers le monde fascinant du langage corporel humain, nous espérons que vous serez en mesure de savoir ce que vous transmettez lorsque vous serrez la main de quelqu'un que vous venez de rencontrer, ou comment séduire cette personne qui vous attire.

Nous espérons que vous prendrez plaisir à découvrir les nombreuses significations du langage corporel qui se cachent derrière chacun de nos gestes et de nos mouvements.

CHAPITRE 1 : LE LANGAGE DU CORPS

A- Qu'est-ce que le langage corporel ?

Le langage verbal est l'une des formes de communication les plus efficaces, depuis que les premiers hommes ont découvert ce mécanisme d'interaction il y a environ vingt mille ans. Cependant, bien avant que le langage verbal n'existe, *l'Homo sapiens* communiquait par le corps. Pour détecter les comportements à risque, tels que les attaques de prédateurs ou toute autre situation susceptible de représenter un danger imminent pour les membres des communautés primitives, l'homme communiquait par des signaux non verbaux.

Pour paraître plus puissant que le reste des primates, l'homme primitif était obligé d'utiliser les mêmes outils que ces derniers. Ainsi, lors d'affrontements entre groupes d'hominidés, ceux-ci se frappaient la poitrine, hurlaient et sautaient, paraissant ainsi plus grands ou plus puissants que leurs adversaires ; de même, à l'apparition d'une meute de grands prédateurs comme des tigres à dents de sabre, ils utilisaient leur corps comme prolongement de leur lance ou menaçaient de lancer une pierre. Ce sont là des exemples de langage corporel primitif.

L'homme primitif a compris que le corps n'était pas seulement un instrument pour interagir avec le monde, en utilisant ses mains comme une charrue ou comme une cuillère ou une fourchette pour porter la nourriture à sa bouche ; il a également compris qu'un geste de la main, une expression du visage ou un mouvement pouvait transmettre une idée ou une manière de sentir à un autre membre du groupe. Les plis du visage, les yeux, les commissures des lèvres, le mouvement des mains, les positions dans lesquelles nous mettons nos bras ou nos jambes lorsque nous nous asseyons, sont une sorte de trace de cet hominidé du passé qui perdure dans nos manières d'être en relation avec notre environnement.

Dans chacune de nos interactions avec les autres, nous utilisons différents moyens non verbaux pour exprimer ce que nous ressentons. Dans le langage non verbal, il y a une sorte d'espace qui s'ouvre pour que le corps puisse communiquer clairement ce que le mot n'a pas réussi à faire. Les experts en communication indiquent que la façon dont nous bougeons nos mains et nos bras, la posture que nous adoptons et le regard que nous lançons, forment une sorte de code qui communique, parfois de façon beaucoup plus éloquente, que les mots ou des formules verbales plus sophistiquées.

Les dirigeants, les présidents, les acteurs, les mondains, les chefs spirituels et les personnalités qui ont une visibilité dans les médias savent qu'il est important de savoir utiliser intelligemment son corps pour exprimer avec éloquence ce que l'on veut dire. C'est l'une des raisons pour lesquelles le langage corporel est devenu une seconde façon de communiquer sans mots.

Spécimen de chimpanzé

Les traits d'expression non verbaux sont essentiels pour la grande majorité des animaux. Les avertissements par le biais de caractéristiques corporelles font partie de stratégies essentielles pour la survie. Certaines espèces utilisent souvent les parties de leur corps pour réussir des activités clés afin d'assurer leur survie et celle de leur progéniture. Le cerveau, l'organe le plus complexe des mammifères supérieurs, est responsable de tous ces comportements et permet en fin de compte à l'espèce dominante de s'acquitter de la tâche de rester en vie dans de bonnes conditions.

Des espèces moins importantes telles que les oiseaux, comme les dindes, arborent leur plumage coloré pour impressionner la femelle et obtenir, beaucoup plus efficacement que les individus moins attrayants physiquement, la copulation qui assurera la transmission de leurs gènes à la génération suivante. Les gorilles se frappent bruyamment la poitrine pour intimider les autres mâles, tout comme les chimpanzés, qui sont de loin les primates les plus violents en dehors de leurs lointains parents, les *Homo sapiens*.

Pour notre espèce, l'intelligence est un facteur beaucoup plus efficace que les stratégies de survie des autres espèces. Dans cette mesure, l'utilisation des gestes, des postures et des expressions faciales est cruciale pour obtenir un avantage social et psychologique. Aucune autre espèce dans l'histoire n'a été aussi efficace à cet égard que la nôtre.

Les instruments que nous utilisons pour mener une vie plus ou moins confortable sont des extensions de notre corps et de nos organes. Les vêtements, les accessoires, les ustensiles quotidiens que nous utilisons dans notre vie de tous les jours, constituent un ensemble qui nous permet de laisser une trace dans la psychologie des autres. On a coutume de dire que quelqu'un nous a laissé une bonne impression, pour désigner les personnes qui ont réussi à laisser une trace dans notre mémoire après une rencontre.

La maîtrise et la connaissance de tous les secrets du langage corporel deviennent un facteur de grande importance pour la réussite dans la plupart des activités sociales : établir de nouvelles relations, interagir avec les autres, transmettre ses gènes à une nouvelle génération de descendants, dominer les autres, influencer et mieux réussir dans l'activité à laquelle on se consacre, tout cela dépend en grande partie de la manière dont on manie le langage corporel.

À une époque où la mise en réseau virtuelle via l'internet est vitale, la première impression est cruciale. En général, lorsque nous entendons le nom d'une personne pour la première fois, nous nous empressons d'effectuer une recherche sur les moteurs de recherche et les réseaux sociaux. Que recherchons-nous en dehors des informations personnelles, de la biographie, de l'expérience, de l'âge, du statut social, etc. de cette personne ?

En règle générale, nous voulons savoir à quoi ressemble physiquement la personne : à quoi ressemblent ses yeux et son regard, comment elle s'habille, parle, se déplace et quelle est sa gestuelle ? Contrairement à ce qui se passait il y a des décennies ou des siècles, cela est aujourd'hui possible par l'intermédiaire d'un ordinateur ou d'un téléphone portable, sans que la personne soit en face de nous. Sur Facebook, Instagram et YouTube, nous pouvons voir une photo ou une vidéo où nous analysons chaque geste et chaque mouvement qu'elle fait. Ainsi, la première chose que nous savons sur les autres aujourd'hui, c'est leur langage corporel.

B- Communication non verbale

Pour pouvoir communiquer verbalement, l'homo sapiens a dû passer par un long processus d'adaptation et d'évolution de son corps sur une période d'environ trois cent mille ans. Au début, notre gorge n'était rien d'autre que le moyen de consommer de la nourriture. La communication se limitait à des gestes primitifs qui exprimaient la gamme des sentiments fondamentaux : colère, peur, plaisir, anxiété, vivacité, etc. Ainsi, nos ancêtres devinaient ce que leurs semblables voulaient dire. Dans la mesure où l'espèce parvenait à gravir les échelons de la pyramide de survie en utilisant à son avantage les phénomènes et les objets de son environnement, elle parvenait à s'imposer au reste des espèces.

Le feu lui permettait de se réchauffer pendant les nuits froides, de cuire sa nourriture et d'effrayer les autres prédateurs qui rôdaient autour de ses grottes pour survivre. Une posture plus droite, par rapport à la posture quadrupède initiale qui le mettait au niveau du reste de l'espèce, était un avantage pour les dominer. Même si, en principe, il devait utiliser sa voix pour crier ou émettre quelque bruit guttural ou onomatopée avec sa gorge pour évoquer quelque situation risquée, c'est son intelligence qui lui permettrait d'avancer à pas de géant par rapport au reste des espèces de la Terre.

Illustration d'une famille primitive

En laissant derrière eux le joug du monde brutal de la nature, les premiers signes de l'avancement de l'évolution de leur gorge pour la communication ont commencé à apparaître. La parole, d'abord, était le premier balbutiement qui allait céder la place à l'écriture, laquelle devint un mécanisme beaucoup plus complexe, un code pour communiquer des idées aux autres membres de l'espèce.

Chaque culture humaine a développé son propre langage verbal, mais pour communiquer avec les autres, qui ne connaissaient pas la langue ou le dialecte d'origine, il n'y avait de place que pour la communication sans l'aide du verbe. Des signes ou des allégories, utilisant les mains, le visage ou le corps, étaient capables de faire comprendre à l'étranger l'essence du message. La communication a commencé à s'étendre au-delà de l'articulation de la langue parlée.

Notre cerveau primitif est prédisposé à identifier les gestes du visage, les mouvements du corps et des membres. Bien que nous n'en soyons pas conscients, notre corps se manifeste à tout moment par le biais de la communication non verbale.

Chaque fois que nous faisons un geste, comme mettre le doigt sur les lèvres pour indiquer le silence, lever la main lorsque quelqu'un nous interrompt au cours d'une discussion, désigner un enfant ou un animal de compagnie, l'endroit où vous venez de faire une farce, hausser un sourcil, ajuster le nœud de votre cravate ou, dans le cas des femmes, toucher et tripoter vos cheveux lors d'un rendez-vous avec un homme, il s'agit d'un geste de communication non verbale évident qui envoie des messages au cerveau de l'interlocuteur ou de l'observateur.

La moindre de nos pensées, notre humeur, se reflète dans notre communication non verbale. Lorsque quelqu'un nous demande si nous traversons une mauvaise passe, cela s'explique logiquement. Notre posture corporelle, nos gestes, notre regard et la position de nos mains et de nos jambes communiquent un état d'esprit qui se reflète sans que nous ayons besoin d'exprimer un seul mot.

C'est pourquoi de nombreux experts en éthologie et en comportement animal semblent connaître tous ses états. Lorsqu'un loup, par exemple, veut marquer son territoire par rapport à un autre loup, il montre les dents en signe d'avertissement. Il dit : "N'approche pas si tu ne veux pas avoir d'ennuis avec moi". Lorsqu'un chien urine à un endroit favori, ce n'est pas sur un coup de tête : il marque également son territoire au moyen de phéromones, indiquant aux autres qu'il s'agit de sa limite, afin qu'ils ne s'approchent pas.

Chez l'homme, le fait d'adopter une posture défensive, comme le geste de croiser les bras, est un indicateur qu'une limite est imposée. C'est une sorte d'avertissement, comme le font les canidés ou les félins lorsqu'ils montrent les dents. Nous le verrons plus loin, lorsque nous étudierons chacun des gestes que nous faisons inconsciemment, dans les situations normales de la vie quotidienne.

Si nous devions marcher dans le monde en étant conscients de nos gestes de communication non verbale et de notre langage corporel, nous ne pourrions pas faire la plupart des choses que nous faisons, car ce mécanisme de communication a été perfectionné au cours de millénaires d'interaction avec d'autres espèces et avec la nôtre. La communication non verbale montre à quel point nous sommes proches du reste du règne animal et à quel point notre nature de primate joue un rôle important dans ce que nous faisons et pourquoi.

Le langage verbal a relégué le langage non verbal au second plan. Depuis l'évolution de nos organes, initialement chargés de produire des bruits gutturaux tels que des onomatopées pour exprimer la proximité d'un grand prédateur, nous avons commencé à abandonner les gestes et le langage corporel comme moyen de communication, pour nous limiter au langage purement verbal. Mais il reste toujours en nous un vestige de cette forme primitive, qui était aussi très efficace pour survivre dans un environnement hostile.

Dans une société où l'on a plus de garanties de voir le lendemain, où l'on n'a pas à faire face à de grands animaux qui mettent notre survie en danger, ni à d'autres groupes rivaux qui viendront se battre pour notre confort, la communication non verbale est tenue en piètre estime. Au contraire, nous considérons que s'exprimer le plus correctement possible par la parole est un gage de civilisation.

Derrière le discours le plus élaboré que nous entendons, il y a toujours un reste de non-communication non verbale. Même en écoutant la voix de quelqu'un, il existe une série de traits, tels que des maniérismes, des béquilles, qui indiquent le besoin de s'exprimer par des gestes ou par le corps. La communication non verbale est une sorte de joug que nous portons, comme s'il s'agissait de notre lest biologique, depuis le primate qui a commencé à communiquer par le code du langage écrit et non par les gestes et les mouvements du corps.

Certains spécialistes de la communication non verbale, comme le professeur Albert Mehrabian de l'université de Californie, estiment que jusqu'à 55 % de notre communication transmet des informations par le biais du langage non verbal. Ce dernier est donc très efficace, notamment pour se rapprocher des autres et leur transmettre nos idées, en gagnant leur confiance par un simple geste. C'est pourquoi on dit souvent qu'un sourire est toujours une arme bien plus puissante que le meilleur des discours.

CHAPITRE 2 : COMPRENDRE LES TRAITS DES PRIMATES
TRAITS DES PRIMATES

A- Des traits primates dans notre langage corporel

Bien que nous ayons l'habitude de nous considérer comme plus intelligents que le reste des espèces animales, et même lorsque nous voulons insulter quelqu'un, nous l'appelons "primate" ou "primitif" - des mots qui ont la même origine -, au fond de notre cerveau, nous avons toujours vivant cet ancêtre qui marchait sur quatre pattes, pour finalement se tenir debout afin de démontrer qu'il est plus grand que les autres et ainsi obtenir beaucoup plus facilement les ressources vitales et, bien sûr, être en mesure de transmettre ses gènes par le biais de la reproduction sexuée.

Comme nous ne sommes pas capables de dominer les autres par nous-mêmes, nous avons d'abord utilisé notre intelligence pour concevoir des armes qui nous mettent au même niveau que les spécimens les plus puissants, égalisant ainsi notre force ; cette invention machiavélique nous a également permis de contrôler plus d'un spécimen de notre espèce et d'autres qui pourraient menacer notre survie. Mais l'évolution de notre cortex cérébral nous amènerait à considérer qu'il est beaucoup plus important d'utiliser la raison et le discours que la violence et la force brute offertes par les armes.

Nos ancêtres primates savaient que, pour régler leurs différends, ils n'avaient que deux possibilités: la négociation ou le combat. La seconde option aboutissait parfois à l'élimination de l'autre. Les bonobos sont une espèce de primates qui a su résoudre ce problème de manière très efficace. Ils règlent leurs différends par le sexe plutôt que par la violence. Cela leur a permis de rester très forts socialement, puisque c'est la femelle, contrairement à d'autres espèces de primates comme les gorilles ou les chimpanzés violents, qui joue le rôle d'alpha sur le reste du troupeau.

En tant qu'humains, nous avons aujourd'hui deux visages qui nous font nous identifier au monde des primates : la violence et la brutalité du chimpanzé et la sexualité calme du bonobo. Dans le monde animal, l'augmentation de la taille des cerveaux est la garantie d'une plus grande empathie et d'une moindre cruauté. Les animaux tels que les reptiles ont des cerveaux beaucoup plus petits et moins développés que, par exemple, un éléphant ou un être humain. Ils sont donc beaucoup plus efficaces pour mettre de côté la pitié ou l'empathie. Cependant, cela ne signifie pas que la stupidité humaine ne nous mène pas, même au XXIe siècle et malgré les grandes avancées de la science pour l'amélioration du bien-être humain, à déclencher des guerres qui coûtent des milliers de vies humaines.

Nous avons beaucoup plus de traits primates que nous ne le pensons. Tout comme les primates, nous avons besoin d'entrer en relation avec les autres, de créer des communautés, même si elles sont aujourd'hui virtuelles. Nous avons besoin d'écouter la voix des autres, de lire leurs opinions, de voir ce qu'ils font, même si c'est à travers un écran et à des milliers de kilomètres de distance. Ni les primates, ni nous, ne pourrions survivre longtemps totalement seuls. L'empathie s'est avérée essentielle à notre évolution et à notre survie dans un monde hostile.

Depuis des millions d'années, les femelles mammifères sont chargées de la gestation, de l'alimentation, de la protection et de l'éducation de leurs petits. Ce trait empathique a fait de la protection des plus faibles, c'est-à-dire de la progéniture, un élément qui nous a permis de l'emporter sur d'autres espèces disparues. En plus de permettre la descendance et la transmission des gènes à une nouvelle génération, la reproduction sexuée crée un lien d'empathie avec le sexe opposé, ce qui permet d'améliorer ostensiblement l'espérance de vie et sa qualité.

Les réponses aux stimuli empathiques chez les primates, principalement les bonobos, ont intrigué la science. Les bonobos et les chimpanzés font partie de ce que l'on appelle en primatologie le genre Pan. Ces deux espèces sont les plus proches parents vivants de l'Homo sapiens.

Il y a presque cent ans, en 1928, un anatomiste allemand nommé Ernst Schwarz a découvert cette espèce de primate en étudiant un crâne au musée de Tervueren, en Belgique, qui avait été classé à tort comme appartenant à un jeune chimpanzé (scientifiquement connu dans la classification sous le nom de Pan troglodytes). Ce n'est qu'en 1933 que l'anatomiste américain Harold Coolidge a considéré le bonobo comme une nouvelle espèce de primate.

Spécimens de bonobos

Bien que nous pensions que les gestes de politesse et les relations sociales courantes font partie de notre cerveau civilisé, il peut sembler surprenant que les primates disposent de codes de communication non verbale pour montrer leur empathie ou l'acceptation sociale de leurs pairs. Après une absence prolongée, il est courant chez les humains de s'étreindre longuement et de se tenir aussi près que possible de la personne qui leur a manqué pendant une longue période à distance. L'un des traits qui peut sembler étonnamment humain chez les primates est le fait de donner des baisers et des câlins après une séparation.

En analysant le comportement des primates en captivité et dans la nature, de nombreux chercheurs ont découvert des gestes qui sont socialement corrects, si on les compare à nos habitudes envers d'autres personnes. Embrasser les membres d'un groupe proche ou parcourir la distance qui sépare deux primates pour leur dire au revoir lorsque l'un d'eux s'éloigne sont des comportements que nous ne qualifierions pas d'animaliers.

Les primates ont des codes stricts d'acceptation et de rejet pour l'accouplement. En général, le mâle le plus fort et le plus apte a les meilleures chances de transmettre ses gènes à la génération suivante. En ce qui concerne l'identification d'autres individus, les chimpanzés testés identifient les visages qui leur sont familiers et ceux qui ne le sont pas. Le regard est un autre facteur très important pour les primates. Les humains ont l'habitude de pointer du doigt, en utilisant les doigts de la main, principalement l'index, qui est le plus long et sert de pointeur, pour désigner quelque chose à une certaine distance à une autre personne.

Les chimpanzés en captivité attirent souvent l'attention de leurs gardiens en les fixant dans les yeux. Une fois le contact visuel établi, ils lèvent ensuite le regard au-dessus de leur tête pour indiquer, par exemple, s'ils veulent qu'on leur jette un fruit du haut de la fosse où ils vivent. Ces schémas d'intelligence nous montrent que les primates ont beaucoup plus de choses en commun avec nous que nous ne le pensons.

Notre cerveau est divisé en trois parties : le cerveau basique-reptilien, le cerveau limbique-mammalien et le cerveau humain-néocortex. Au fur et à mesure que nous nous sommes éloignés de notre environnement naturel d'origine, nous avons commencé à délaisser les deux premières parties pour nous concentrer sur le cerveau cortical. Nous sommes devenus des animaux tellement rationnels que nous avons oublié que nous répondons aussi à des impulsions, comme le reste des espèces de la planète.

Dans chacun de nos gestes, il y a des traits inconscients qui proviennent de nos parents primates, même si nous pensons que notre civilisation basée sur la raison et la science nous a éloignés de notre essence primate. De notre façon de regarder, de toucher, d'étreindre, de faire la cour, de nous battre, de saluer, à notre posture corporelle et à nos expressions faciales à certains moments, nous réactualisons toujours les traits de l'héritage primate qui se trouve au plus profond de nos gènes et dont nous ne pouvons pas nous détacher, même si nous le voulons et si nous prétendons être rationnels.

B- Traits de puissance biologique

Les hiérarchies sont très importantes pour les primates, car elles définissent les rôles au sein des troupeaux. De ces traits de pouvoir de nos ancêtres primates, nous avons hérité ceux qui marquent les différences hiérarchiques dans notre vie sociale. Les mains sont l'un des principaux outils des êtres humains. Elles nous permettent non seulement d'interagir avec notre environnement, mais aussi de communiquer de manière non verbale avec les autres. Les primates tels que les gorilles et les chimpanzés démontrent souvent leur force et leur hiérarchie par des gestes éloquents tels que se frapper la poitrine avec leurs poings puissants, un avertissement clair : "Ne me cherchez pas : je suis fort et puissant". Ce geste est similaire à celui que font de nombreuses personnes lors d'une confrontation : se frapper la poitrine, lever le menton pour paraître plus grand que son adversaire[1] .

De cette manière éloquente, les primates et leurs héritiers biologiques, les humains, démontrent leur force virile et leur niveau de testostérone. Les gorilles se frappent la poitrine pour montrer leur stature et leur taille. Un geste que nous avons adopté pour intimider les autres lors d'une dispute, où la force physique individuelle prime.

C'est pourquoi, chez la plupart des espèces, la taille est un capital de puissance très important. Les canidés relèvent souvent le dos pour donner l'impression d'un plus grand volume et d'une plus grande taille ; les paons et d'autres oiseaux déploient leur plumage ou lèvent la tête pour montrer qu'ils sont plus grands que les autres, attirant ainsi l'attention des femelles et effrayant les mâles qui gravitent autour d'eux. Chez l'homme, les mains s'avèrent être les principales armes de démonstration de puissance.

La salutation la plus courante entre les êtres humains est la poignée de main. À l'origine, ce geste était un signe de confiance envers l'autre personne, en montrant la paume de

---

[1] Chest beats as an honest signal of body size in male mountain gorillas (Gorilla beringei beringei). www.nature.com/ https://www.nature.com/articles/s41598-021-86261-8

la main pour qu'elle se rende compte qu'elle ne porte pas une arme qui pourrait lui planter dans le dos dans un moment de faiblesse. Ils se serrent ensuite la main pour sceller ce pacte de confiance avec un étranger. De même, les canidés, comme les loups et leurs descendants les chiens, montrent souvent leur gorge au mâle dominant lors d'une confrontation, démontrant ainsi, par ce trait, une soumission totale à celui qui est supérieur en force.

Le geste de se serrer la main après avoir montré des paumes vides est un signe distinctif de confiance en l'autre.

Sans nous en rendre compte, nous conservons des traits de domination dans ce geste de premier contact social, parfois en serrant fortement et sans diplomatie la main. C'est considéré comme un signe de mauvaises manières, dans une société où notre cortex cérébral est censé être suffisamment avancé et où il ne serait pas très logique d'intimider quelqu'un que l'on vient de rencontrer par la force brute. Ces traits inconscients démontrent l'étendue de l'héritage génétique du pouvoir de nos ancêtres primates.

Chez les chimpanzés, de loin l'espèce de primates la plus vicieuse et la plus violente, les conflits de pouvoir au sein des troupeaux sont souvent réglés de manière peu diplomatique. Tout comme dans les cercles de pouvoir humains, des alliances sont conclues pour maintenir le soutien à un individu qui se révèle être le chef, chez les chimpanzés, des partenariats sont établis pour assurer l'ascension d'un individu au sein du groupe. Lorsqu'un spécimen se montre prêt à prendre le leadership absolu, il y en a un autre, en coulisses, qui est prêt à prendre parti, en fonction de sa position sociale.

La primatologie est une branche de la biologie qui, par l'observation du comportement des primates, nous permet de mieux comprendre pourquoi ils font ce qu'ils font. Certains chercheurs, comme le Néerlandais Frans de Waal ou le Britannique Desmond Morris, ont tenté de démêler les comportements complexes et fascinants des primates afin de comprendre l'essence des nôtres. Frans de Waal raconte que dans un groupe de primates d'un zoo, il y avait une dispute pour le pouvoir. Le plus jeune d'entre eux n'avait pas les compétences nécessaires pour s'imposer d'une manière moins diplomatique que par la force brute de son corps puissant. Un autre primate jouait les seconds rôles, le soutenant dans les combats du jeune spécimen contre un autre primate, qui lui prenait des ressources et menaçait de s'attirer les faveurs des femelles du troupeau. Pour Frans de Waal, c'est peut-être là le principal élément déclencheur des luttes intestines entre chimpanzés.

Même si nous pensons être suffisamment rationnels pour éviter de rivaliser pour le pouvoir à la manière sanglante et cruelle des chimpanzés, les humains sont souvent bien plus cruels, car notre pouvoir se manifeste de manière plus subtile, mais non moins destructrice et préjudiciable. Comme dans les grandes entreprises, les gouvernements, les sociétés ou tout autre groupement d'êtres humains, il y a toujours des tensions pour le pouvoir, qui finissent par aboutir à une hiérarchie sexuelle, quelle que soit la façon dont on l'envisage.

Selon le primatologue Frans de Waal[2] , les deux plus jeunes primates étaient frustrés par la stratégie machiavélique du plus âgé, et donc beaucoup plus expérimentés dans la persuasion sans avoir à recourir à la force. Lorsqu'une femelle montrait de l'intérêt pour l'un des bêtas en compétition, le chimpanzé plus âgé intervenait, soit en séparant le mâle de la femelle, soit en se joignant à elle pour devenir un concurrent direct.

Le résultat, comme dans de nombreux romans et films d'intrigues de pouvoir, fut que le chimpanzé le plus adulte, qui avait l'intention de prendre le pouvoir au sein du troupeau, fut brutalement pris en embuscade par les deux plus jeunes, qui finirent par l'amputer de ses gonades. Cela nous rappelle la fin tragique des disputes de nombreuses

---

[2] Frans de Waal. Le singe en chacun de nous. Ch 2 : Le pouvoir. Machiavel dans le sang

affaires humaines de passion pour le pouvoir sexuel, qui, en
fin de compte, n'est rien d'autre que le pouvoir le plus désiré
par les mâles, car il permet de garantir la hiérarchie sociale,
ainsi que l'héritage génétique de leur lignée.

CHAPITRE 3 : LES GESTES SILENCIEUX ET LEUR SIGNIFICATION

A- Gestes inconscients

En règle générale, nous ne sommes pas très conscients de nos gestes. Ce n'est que lorsque nous y sommes confrontés, par exemple lorsqu'on nous montre une vidéo ou une photo dans laquelle nous apparaissons, que nous prenons conscience de la puissance de notre langage corporel. Dans la plupart des cultures du monde, il existe des codes qui rendent le langage non verbal plus ou moins sobre que d'autres.

Pour les habitants de l'Amérique latine, beaucoup d'Européens ou d'Asiatiques sont désagréables, car dans leurs cultures, les gestes habituels sont plus contrôlés par rapport à l'extraversion des habitants des Tropiques. Ce n'est pas un hasard si Nord-Américains, les Européens et les Asiatiques considèrent les Latino-Américains comme les maîtres mondiaux de la danse. D'où l'idée répandue dans la culture populaire du *latin lover*, l'amant parfait avec tous les traits de tempérament fougueux de la culture latine.

Apprendre à comprendre le langage corporel et les gestes silencieux de la communication non verbale est un sujet qui intrigue les psychologues, les biologistes et les éthologues. Pour les experts, la relation entre nos gestes silencieux, c'est-à-dire le tandem corps-visage, et le caractère explicite de la communication verbale elle-même, est la clé qui permet de comprendre le sens de ce que nous voulons vraiment dire et non de ce que nous prétendons dire.

L'entretien est le moyen le plus efficace de connaître une personne. Non pas parce que nous voulons voir son apparence physique, bien que cela soit également décisif pour une bonne ou une mauvaise impression, mais surtout en raison de la manière dont ses gestes complètent son verbiage. Si une personne dit quelque chose, mais que ses gestes ne vont pas dans le même sens, il y a de fortes chances qu'elle mente.

Lorsqu'une personne dit à son partenaire qu'elle l'aime, mais que, dans ses gestes, elle fronce les sourcils, évite le contact avec les yeux de l'autre, a les narines dilatées, est agitée par un souffle court, il y a de fortes chances qu'elle soit en train de mentir. Si, en revanche, le visage de votre partenaire est éclairé par un sourire, ses yeux sont brillants et ouverts, et son regard est fixé sur le visage de l'autre personne, cette déclaration d'amour a toutes les chances d'être véridique et de ne pas être une simple stratégie de tromperie.

Deux types d'expressions faciales révélatrices :
empathie, bonheur (à gauche) ; ennui, gêne (à droite).

Les gestes du visage et la posture du corps sont des signes révélateurs. L'espace personnel est une chose que nous avons tendance à garder et à tenir à l'écart des autres comme un mécanisme de survie. Lorsque nous voyons l'espace dont nous disposons pour nous déplacer se réduire, lorsque nous interagissons avec un étranger, nous nous sentons mal à l'aise ; il est courant, lors d'une bagarre par exemple, que l'agresseur se rapproche pour nous intimider, nous empêchant ainsi d'avoir une plus grande mobilité, tout comme dans le monde naturel les prédateurs le font avec leurs proies afin de les capturer.

Il n'est pas déraisonnable que cet aspect vital, tant pour notre espèce que pour les autres, ait été utilisé comme cheval de bataille pour justifier tout type de décision politique par des dictateurs qui garantissaient l'espace vital pour manipuler les esprits de cette manière. De la même manière, les portes, les murs, les clôtures, les frontières et les tranchées constituent une sorte de démarcation artificielle pour garantir cet espace vital de mouvement qui nous protège du monde extérieur et de l'influence des autres.

L'espace de 5 centimètres à 2 mètres de nous est la mesure de l'intimité que nous offrons aux étrangers de nos connaissances les plus dignes de confiance. Le confort de l'espace intime de notre vie privée, dont la limite maximale est de 5 centimètres, est destiné aux partenaires sexuels et aux membres de la famille les plus fiables, tels que les frères et sœurs et les parents ; de 5 centimètres à 20 centimètres, on trouve les connaissances telles que les amis et les membres de la famille moins proches ; de 20 centimètres à 2 mètres, c'est la moyenne pour s'approcher des étrangers et des nouvelles connaissances : En effet, lors d'un rendez-vous de nature romantique et sexuelle, si une personne dépasse cette limite, il est possible que le rendez-vous soit gâché, car la situation devient gênante lorsqu'il n'y a pas d'attirance sexuelle réelle.

Dans la vie de tous les jours, nous utilisons différents gestes, consciemment ou non. Chacun de ces gestes a une fonction spécifique liée à son intention. Nous pourrions les définir comme des actions réflexes que nous effectuons devant le miroir ou dans n'importe quelle situation. Cligner des yeux ou se protéger le visage lorsque de l'huile chaude éclabousse la cuisine sont des gestes réflexes qui occupent 5 % de tous ceux que nous faisons au cours de la journée et qui n'ont pas d'intention spécifique ; d'autre part, il y a des gestes intentionnels, qui peuvent ou non avoir une fonction spécifique, qui sont des vestiges de notre comportement de primate ou du système reptilien.

Les chercheurs Ekman et Friesen ont défini une série de mouvements selon leur fonction et leur interprétation dans le cadre du langage corporel non verbal, qui sont classés en cinq groupes :

1- Emblèmes

Il s'agit d'actes de langage corporel qui ont une équivalence verbale spécifique, même au-delà de la culture d'origine. Ils sont efficaces en raison de leur faible ambivalence et de leur signification concrète. Dans de nombreuses cultures, l'index et le pouce avec un pistolet signifient l'auto-élimination ; de même, au Japon, le signe des deux mains jointes tenant une arme en travers de l'abdomen est synonyme de l'ultime sacrifice rituel lorsque l'honneur a été perdu : le seppuku ou harakiri.

Il existe également des gestes positifs comme le geste "OK" qui consiste à lever les trois doigts : l'auriculaire, l'annulaire et le majeur, en formant un cercle avec l'index et le pouce, signifie que tout est en ordre ou que tout va très bien. Cependant, dans certaines régions de la péninsule ibérique, ce geste peut signifier le contraire, c'est-à-dire que les choses ne vont pas très bien ; de même, dans certaines régions populaires d'Amérique du Sud, de la péninsule italienne et de la Turquie, il peut signifier une allusion à l'homoérotisme, en représentant l'anus.

Le geste « OK »

2- Illustrateurs

Ces gestes, comme leur nom l'indique, mettent l'accent sur le discours verbal, servant en quelque sorte de ligne de fond pour le souligner au moyen de gestes corporels. Il s'agit d'une synchronisation entre le verbal et le corporel. De la même manière qu'un chef d'orchestre fait des gestes avec sa baguette devant les musiciens, ces gestes accentuent ce que l'on veut communiquer, le plus souvent à l'aide des mains.

Dans certains cas, ces gestes sont déjà incorporés dans la culture, de sorte que le locuteur n'en est pas conscient. C'est le cas de la culture italienne, qui a influencé la culture argentine, en raison des vagues de migration vers le pays sud-américain, où il existe différents gestes illustratifs faits avec les mains.

Par exemple, le célèbre geste du "montoncito", qui consiste à joindre tous les doigts de la main et à les inverser, en bougeant la main de haut en bas, qui signifie en Italie : "Ma che vuoi" ou "Que veux-tu", et qui, en Argentine, a explicitement la signification sans équivoque : "Qu'est-ce qui ne va pas chez toi ?" ou "Mais qu'est-ce que tu dis ?", pour exprimer l'indignation, l'agacement ou la contradiction avec l'interlocuteur.

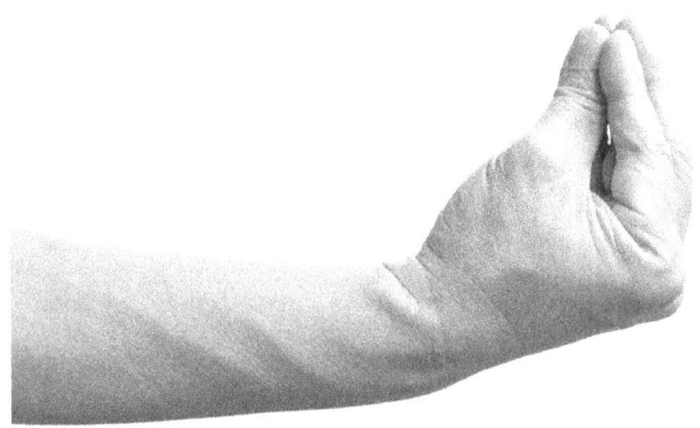

le "montoncito" populaire en Argentine et en Italie

3- Régulateurs

Comme leur nom l'indique, ces gestes permettent de maintenir l'interaction avec l'interlocuteur pendant que la communication est soutenue, en la régulant selon le rythme de la communication. Parmi les principaux exemples de gestes régulateurs, citons : tendre la main à l'interlocuteur pour lui serrer la main ; lever l'index pour marquer une pause et demander la parole ; secouer la tête de manière affirmative ou négative pour souligner le discours de l'interlocuteur.

4- Adaptateurs

Les gestes d'adaptation sont ceux qui se rapportent à notre
propre espace corporel par rapport à l'interlocuteur. Ils sont
typiques d'une situation tendue ou stressante : ajuster sa
cravate pour les hommes ou se recoiffer plusieurs fois pour
les femmes ; se toucher le visage, les mains, s'essuyer le nez
ou toucher les commissures des lèvres, tout cela contribue à
réduire la tension et permet au cerveau de prendre le
contrôle de la situation en se concentrant sur ce qui est dit
ou entendu par l'interlocuteur.

5- Gestes d'affection

Ils sont étroitement liés au comportement que nous avons
hérité des primates. Ces gestes témoignent des liens affectifs
que l'on entretient avec la personne la plus fiable et la plus
intime. Ils sont courants entre les partenaires pour montrer
leur affection, comme le font les primates dans le troupeau
avec leurs partenaires sexuels. Ces gestes comprennent : se
caresser la tête ou les cheveux ; s'essuyer le visage ou se
tenir la main pour se réchauffer ; rapprocher le visage pour
se frotter et ainsi libérer des hormones sexuelles et renforcer
le lien d'affection.

Types de gestes : régulateurs, adaptatifs (première ligne) et d'affect (deuxième ligne)

Nous produisons toujours ce type de gestes, même si nous n'en sommes pas conscients. On le constate souvent lorsque, au cours d'une conversation téléphonique, nous avons tendance à interrompre la personne qui parle. Bien que nous puissions penser que c'est la faute d'une mauvaise éducation, ce n'est pas le cas : notre cerveau est toujours prédisposé à lire les gestes automatiquement et inconsciemment, et pour cette raison, en l'absence de preuves visuelles des gestes, notre cerveau a tendance à improviser ces gestes en faisant des pauses ; même, et cela peut sembler absurde, nous avons tendance à agir avec nos mains et notre visage, même si nous ne nous trouvons pas avec cette personne dans la même pièce. C'est le résultat de la puissante influence des traits génétiques hérités, qui déterminent ces comportements dans l'interaction sociale avec les autres.

B- Les mouvements des mains et leur signification

Nos mains sont notre principal outil de communication et d'exécution de tâches simples et complexes. Un pianiste virtuose utilise ses mains et ses doigts pour jouer un morceau complexe, tout comme un ouvrier qui construit une maison les utilise pour planter un clou dans un mur à l'aide d'un marteau avec précision, en évitant les blessures, ou comme un chirurgien les utilise pour prendre l'instrument et effectuer une opération complexe pour guérir un patient. Sans les mains, nous devrions évoluer à l'opposé du reste de l'espèce ; les mains nous offrent l'un des plus grands avantages du règne animal.

Les mains ont la capacité de communiquer, tout comme les gestes du corps. Il n'est donc pas surprenant que l'homme ait trouvé un moyen de permettre aux personnes souffrant de troubles de l'audition et de la parole de communiquer par le biais d'un langage qui s'appuie essentiellement sur les mains, les gestes et le corps. Aucune autre espèce n'est capable d'un tel niveau de complexité que l'homme.

Dès le Moyen-Âge, éviter le contact avec la peau était essentiel à la mise au point des fameuses armures inconfortables ; à l'époque moderne, les gilets pare-balles ou les voitures blindées, par exemple, illustrent la crainte que nous avons d'exposer notre corps à un contact physique direct avec d'autres personnes.

Les gestes de la main peuvent avoir de nombreux contextes et significations, allant d'une salutation lointaine, en agitant les mains, en prenant le visage d'un être cher pour le porter à nos lèvres, à une légère tape dans le dos pour apporter notre soutien physique à quelqu'un qui le mérite pour ses bons résultats ou pour le réconforter pendant une période difficile de sa vie, comme un deuil.

Dans le monde oriental, les mains sont souvent utilisées comme une sorte d'alphabet pour représenter les différents états de l'esprit. Dans l'hindouisme et le bouddhisme indien, les mudras sont des gestes et des mouvements effectués par les croyants avec leurs mains et leurs doigts, qui, selon leur philosophie, leur permettent d'atteindre un état de conscience avancé. Pour cette doctrine spirituelle, les mudras sont une sorte de danse exécutée avec les mains et les doigts, soit lors des séances d'introspection spirituelle du yoga, soit lors des danses consacrées aux différents dieux du panthéon hindou, qui ont chacun une signification spirituelle particulière et qui apportent l'harmonie au monde dans la mesure où ils sont exécutés avec foi et vénération.

Types de mudras

Le contact physique est lié aux hiérarchies sociales. Dans les pays où les monarchies existent encore, personne n'est autorisé à toucher un monarque, car c'est un grave manque de respect. Cela s'explique en grande partie par la libération d'ocytocine qui se produit lors d'un contact physique. La peau est également le plus grand organe du corps et possède de nombreuses connexions nerveuses qui la rendent vulnérable aux changements de température, à la pression et aux blessures causées par le contact avec des objets.

L'utilisation des mains comme limites invisibles est fréquente lors de l'observation des cordons de sécurité en présence d'une célébrité ou d'une personnalité puissante. Exposer la paume de la main devant le visage de quelqu'un qui s'approche pour établir un contact physique est une manière d'avertir par le langage corporel : "n'approchez pas plus près". De même, saisir quelqu'un par les épaules ou les avant-bras est une façon de prendre le contrôle de manière diplomatique, sans être violent. En général, celui qui a le statut le plus élevé est celui qui prend l'autre personne par les épaules ou les avant-bras avec ses mains.

C- Le langage silencieux du corps

L'essence du langage corporel est liée à la manière dont notre cerveau interprète les codes communiqués par les gestes et le langage corporel. La cinétique est la manière dont les idées ou les sensations sont transmises par les mouvements du corps.

Le terme cinétique vient de kinetos, un mot grec qui signifie mouvement. Comme son nom l'indique, il s'agit de l'alphabet silencieux du corps. La simple présence du corps et de ce qu'il véhicule suffit souvent à établir une communication silencieuse avec les autres. Selon des chercheurs comme Birdwhistell, nous ne disposons pas d'un code d'usine qui nous permet de communiquer, mais nous l'apprenons socialement, tout au long des étapes de notre vie.

Des gestes comme arquer les sourcils ou dilater les narines, même s'ils semblent spontanés, sont copiés et améliorés au fur et à mesure que nous interagissons avec les autres. Les gestes naturels d'un bébé seraient comme les croquis que l'on fait sur un tableau pour élaborer une formule mathématique : au fur et à mesure qu'ils sont appris des autres, ils deviennent de plus en plus complexes, jusqu'à ce qu'un langage propre soit créé avec eux.

La pousse de nos cheveux et la ligne qui définit notre visage, ainsi que la taille de nos oreilles, la forme de notre mâchoire et de nos dents, la taille et la forme de nos os, façonnent une expression qui, pour chaque personne, s'apparente à une empreinte digitale : il n'y a pas deux personnes au monde qui aient des traits ou des postures identiques.

Ce que l'anthropologue américain Ray Birdwhistell appelle le paralangage est un système structurel de symboles signifiants[3] , qui nous permet, à nous les êtres humains, d'organiser de manière cohérente ce que nous voulons communiquer aux autres. Outre le langage verbal proprement dit, les êtres humains disposent d'un éventail de formes de communication, telles que les bâillements, les inflexions de la parole et de la voix, les expressions avec les sourcils, les coins de la bouche, etc.

La sémiotique de la communication fait intervenir un certain nombre de facteurs qui sont très éloignés de la simple expression vocale ou du langage articulé. Les gestes mentionnés, la posture et la manière dont nous utilisons nos mains ou nos membres, deviennent une sorte d'alphabet que les autres apprennent à interpréter de manière univoque. Il s'agit d'un terrain interdit au langage, même si nous pensons qu'il est si complexe qu'il dit tout. Il y a toujours une marge où la communication revient aux étapes originales que les humains primitifs, il y a des dizaines de milliers d'années,

____

[3] Birdwhistell. Kinesics and context essays on body motion communication. Pp 95.

utilisaient aussi pour pouvoir interagir en l'absence du code linguistique qui constitue les langues parlées.

De la pluralité des gestes et des expressions du corps émerge une unité communicationnelle que chacun des participants à la communication doit interpréter selon les codes qu'il a assimilés de sa culture. C'est pour cette raison que les gestes et les expressions corporelles n'ont pas la même signification dans une culture et dans une autre. On a toujours affaire à des significations qui, bien qu'elles semblent similaires, sont très différentes.

Dans la liturgie catholique, par exemple, on utilise les cinq doigts ouverts pour faire le signe de croix ; ces cinq doigts représentent les cinq plaies infligées à Jésus-Christ lors de sa passion. Ce geste s'effectue en traçant une croix avec la main, en partant du front, du sternum et du ventre, pour la verticale, puis en traçant une ligne horizontale, d'une épaule à l'autre, de gauche à droite. Cette direction correspond à la main droite des justes et à la main gauche de Dieu pour les damnés. Dans la liturgie orthodoxe, on place d'abord une main sur l'épaule droite, puis sur l'épaule gauche, espérant ainsi être distingué par Dieu au sein du groupe des sauvés et être exempté d'être marqué comme faisant partie des damnés.

En tout état de cause, le langage ne peut se limiter à une série de significations sémiotiques dans un cadre communicationnel défini, car la multiplicité et la complexité du langage corporel comportent toujours beaucoup plus de polyvalences que celles qui peuvent être décomposées à partir de son analyse sémiotique, c'est-à-dire purement

symbolique. La verbalité est un complément à la corporalité
en tant que manifestation du langage humain.

CHAPITRE 4 : LE DISCOURS ET LE CORPS

A- L'influence du corps sur la parole

Lorsque l'on observe un homme politique qui prononce un discours ou un acteur lors de sa représentation, il est possible d'observer toutes les significations symboliques qu'il donne de manière non explicite à travers sa corporalité. Dans les deux cas, si l'on fait abstraction du discours verbal, ce qui le sous-tend a peut-être un sens beaucoup plus profond, car ce qui est transmis par les gestes et les postures est totalement inconscient. Au fur et à mesure de la prestation de l'homme politique ou de l'acteur, on peut observer une série d'éléments qui s'expriment sous forme de mouvements : cmpathique, réceptif, approximatif, chaleureux, violent, véhément, etc. Les ressources corporelles permettent toute une gamme de nuances pour exprimer un discours sans avoir recours à la baguette des mots.

La position que nous adoptons pour établir une communication avec quelqu'un exprime toujours une totalité d'expressions non explicites, même s'il semble que nous n'exprimons rien ou que nous restons absolument silencieux. Les micro-expressions qui traversent notre visage et se manifestent à travers notre posture corporelle veulent dire quelque chose. Les gestes s'accompagnent d'une série d'expressions verbales, qui se juxtaposent pour englober un discours ou une idée générale.

L'un des cas les plus connus d'utilisation du langage corporel pour s'attirer les faveurs des masses est celui du chancelier allemand Adolf Hitler, qui est parvenu au pouvoir politique grâce à un entraînement constant de son langage corporel lors de ses discours.

La position du corps d'Hitler lors de ses discours était d'une grande importance pour transmettre ce qu'il voulait. Sa tête, par exemple, était un trait distinctif de sa personnalité. Ses cheveux noirs, toujours peignés sur le côté et lissés en arrière, lui confèrent un caractère de discipline et d'autorité de fer. Sa moustache était une sorte de ligne au-dessus de sa bouche qui ne pouvait être confondue. Le mouvement de ses mains et de ses bras pendant ses discours fascinait et électrisait les Allemands venus l'écouter. Sa voix était également un autre élément clé qui transmettait ce que le peuple, démoralisé par les conséquences de la Première Guerre mondiale, voulait entendre de la part d'un dirigeant. Lorsqu'il prononçait un discours, Hitler avait l'habitude de calmer ses cheveux indisciplinés avec la paume de sa main tournée vers l'intérieur, afin de reprendre le contrôle de ses émotions après avoir parlé à des milliers de personnes. Dans le langage corporel, toucher ses cheveux est un signe pour attirer l'attention. Tous ces gestes de représentation étaient minutieusement étudiés devant un miroir, que le caudillo, tel un acteur, exécutait toujours à l'avance pour obtenir l'effet théâtral désiré devant le public.

Lorsque nous prononçons un discours, notre corps est là pour affirmer ou infirmer ce que nous exprimons. Bouger la tête dans un sens ou dans l'autre signifie que notre discours a un accent positif, lorsqu'il est affirmé en la balançant de haut en bas, ou négatif, en la balançant d'un côté à l'autre. Porter les mains à la tête ou toucher le visage sont des gestes qui montrent l'étonnement ou le doute, lorsque la paume de la main est placée sous le menton, ou le sarcasme, lorsque la tête est tenue à deux mains. Les accents du front et sa large ligne d'expression sont utiles pour savoir ce que dit le corps par rapport au discours verbal.

Lors d'un entretien ou lorsque nous rencontrons quelqu'un de nouveau pour la première fois, un certain nombre de gestes expriment inconsciemment ce que nous pensons. Après la présentation, nous tendons généralement la main pour serrer celle de la personne que nous venons de rencontrer. Si nous sommes dans une attitude de timidité, notre corps exprime généralement ce sentiment : nous levons les épaules, nous essayons de cacher notre tête à l'intérieur de notre tronc. Si notre personnalité est dominante, nous projetterons notre poitrine vers l'avant, de même que notre tête, en relevant le front, pour donner une impression de domination et de puissance.

Les hommes politiques, les chefs spirituels, les cadres commerciaux et les acteurs sont parmi les personnes les plus conscientes du pouvoir du langage corporel, ainsi que du langage verbal, et mettent souvent l'accent sur des mots dont le verbe ou le nom a un impact sur l'oreille d'autrui. "Nous devons exécuter ce projet", en marquant le pluriel du verbe avoir et en accentuant avec les mains, en pointant quelque chose de concret avec l'index et en écartant légèrement les jambes en parallèle, est quelque chose qui projette un sens du devoir, de la responsabilité et de la prise en charge. Un leader se caractérise par le fait qu'il projette son statut et son ascendant sur les autres, par ses gestes, ses paroles, le ton de sa voix et sa posture.

Les militaires conservent généralement la posture du dos droit et des épaules horizontales, avec le menton et le front droits et le buste toujours en avant, afin que les subordonnés sentent que quelqu'un contrôle la situation. Un chef de section ne peut pas avoir une posture voûtée, le dos chargé, les jambes écartées et la tête baissée : une telle posture n'inspirerait en aucun cas une quelconque soumission de la part des soldats.

C'est pourquoi l'exercice auquel Hitler s'est livré, et que de nombreux dirigeants politiques font pour améliorer leur charisme, est le même que celui que les acteurs, les chefs religieux et les personnalités médiatiques font devant un miroir ou, de nos jours, devant une caméra d'ordinateur ou un téléphone portable. Cela nous permet d'observer en détail la manière dont nous accompagnons notre discours, nuançons notre voix et accentuons ce que nous disons, par le biais du langage corporel, sans avoir recours à une autre personne.

Inspirer avant de parler et projeter la poitrine, en faisant un angle droit avec le menton, est généralement la position d'influence ou de domination, utilisée par les professions mentionnées ci-dessus. En fait, les chanteurs d'opéra adoptent également cette position afin que leur voix et leurs gestes soient projetés jusqu'au dernier siège de la scène. Dans le milieu de l'opéra, on parle souvent de la "présence scénique" des grands chanteurs.

Lors des cérémonies d'intronisation des empereurs ou de couronnement des monarques, il y a souvent des gestes dans lesquels les mots sont accentués par des mouvements et des postures des mains et des jambes. Dans toute la multiplicité et la richesse du langage humain et de ses rituels, nous pouvons percevoir l'importance du langage corporel pour souligner l'idée ou faire en sorte que les symboles restent dans la mémoire des autres.

B- La persuasion par le langage corporel

Ce n'est pas seulement par le langage, mais aussi par le corps que nous pouvons être persuasifs. L'un des grands avantages de la communication corporelle est qu'elle peut se faire à distance. Ce que notre corps dit de nous lorsque nous accomplissons une action est aussi important que notre signature lorsque nous l'apposons sur une feuille de papier destinée à un expert en graphologie. Si nous marchons lentement et sans panache, les bras ondulants, suspendus d'un côté à l'autre comme ceux d'un pantin, les pas trop courts ou trop longs et exagérés, nous communiquerons un certain caractère à ceux qui nous observent.

Le salut militaire, par exemple, évite tout contact physique, car il existe un large fossé entre les grades qui doit être respecté en vertu des règles rigides du régime. Il s'agit d'un moyen de dissuader tout rapprochement entre un subordonné et un supérieur. Les dirigeants politiques, eux aussi, regardent souvent leur interlocuteur directement dans les yeux lors d'un sommet ou d'une réunion d'État, généralement, comme on l'a vu plus haut dans les traits du pouvoir, en tenant l'avant-bras de celui qu'ils saluent d'une main tout en lui serrant la main de manière énergique et décisive.

Contrairement aux expressions verbales, le langage corporel et les gestes ne laissent aucune place au doute : nous sommes éloquents. C'est un trait que nous avons hérité de nos ancêtres qui, à un moment donné, ont cessé de marcher à quatre pattes comme les primates, qui se tenaient parfois debout pour cueillir des fruits dans la forêt, et ont décidé de marcher sur deux jambes, en s'élevant au-dessus de la ligne de mire du reste des espèces. Au moment où nos ancêtres se sont mis debout, leur regard par rapport aux autres a cessé d'être horizontal et parallèle pour devenir vertical, c'est-à-dire du point de vue d'une plus grande hauteur vers le bas, là où se trouvaient les autres espèces dans cet environnement naturel.

Au fur et à mesure que nous sommes devenus plus sophistiqués, utilisant notre cortex cérébral plutôt que la région reptilienne plus primitive pour régler les différends, les méthodes de persuasion précédemment plus efficaces, telles que la force physique et la résistance, ont été reléguées au second plan en tant qu'option de persuasion moins humaine et beaucoup plus violente. Dans le monde animal, les principales raisons de s'engager dans un conflit ou de se battre sont liées à la hiérarchie au sein d'un groupe ou à l'affirmation d'un droit acquis sur un territoire. Aujourd'hui encore, et malgré une longue histoire d'avancées humanistes, artistiques, religieuses, culturelles et politiques, riche en ressources technologiques telles que les voitures électriques, les téléphones portables, les voyages spatiaux et Internet, la plupart des conflits, tant individuels que collectifs, sont presque directement liés à ces deux aspects primitifs.

Au cours des XVIIIe et XIXe siècles, on pensait que la forme du crâne était liée aux qualités et aux déficiences intellectuelles d'une personne. Cette théorie s'appelait la phrénologie. Les personnes ayant un front plus étroit que d'autres, qui avaient un front beaucoup plus large, étaient considérées comme moins intelligentes ou pouvaient même être qualifiées d'aliénées ou de criminelles. Puis, au fil du temps, des progrès ont été réalisés dans ce domaine et on est arrivé à la conclusion qu'il s'agissait d'une pseudoscience, c'est-à-dire que la phrénologie n'avait pas de fondement scientifique. Cet exemple concerne la manière dont nous pouvons persuader par le langage corporel.

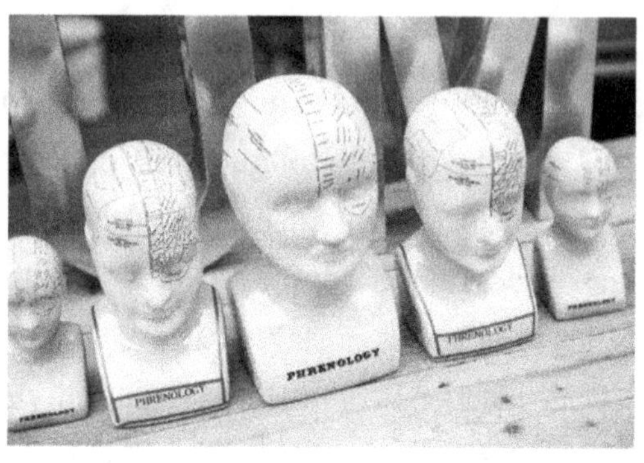

Conception scientifique de la phrénologie au 19e siècle.

De même que l'on pensait que la forme du crâne définissait l'intelligence, le corps et son apparence n'ont rien à voir avec la force de persuasion que l'on peut exercer sur les autres. Napoléon Bonaparte, qui a commencé sa carrière comme soldat dans les légions françaises, est devenu empereur et l'un des hommes les plus influents dans les sphères de la société de son temps. Son caractère ne dépendait pas de sa stature, mais de ses stratégies de persuasion par sa présence physique et ses compétences sociales. Malgré sa taille moyenne, il est dit dans les chroniques de son époque que Napoléon ne s'est jamais senti inférieur face aux militaires plus imposants physiquement : il avait une expression corporelle qui rayonnait de puissance et d'assurance, ce qui faisait que tout le monde lui obéissait.

La façon dont nous nous déplaçons en dit long sur qui nous sommes et pourquoi nous faisons ce que nous faisons et nous nous comportons comme nous le faisons. Flora Davis raconte que, lors d'une étude menée dans un hôpital psychiatrique, un médecin de l'équipe a revu, avec l'auteur, une série de films enregistrés par les caméras de sécurité de l'établissement. Sur la bande, on pouvait voir l'un des patients dans le bureau où le médecin l'avait confronté d'une manière assez particulière.

Dans l'enregistrement, qui était silencieux, car il n'était pas possible d'enregistrer ce qui était entendu dans la pièce avec un microphone, le patient avait une série de mouvements qui étaient tout à fait caractéristiques d'une personne ordinaire. Dans sa façon de marcher, dans les mouvements que toute personne ferait normalement inconsciemment, il a été possible d'observer, dit l'auteur, comment il traînait les pieds d'une façon particulière, soigneusement, presque méticuleusement, en alternant le poids de son corps entre un pied et l'autre.

De même, le langage corporel en position assise était très particulier : des jambes parallèles et des bras qui ressemblaient à ceux d'une marionnette suspendue sur les côtés. Ce type d'expression verbale, précise l'auteur, est très fréquent chez les schizophrènes. Le geste moteur est l'un des principaux indicateurs de cette pathologie psychiatrique, bien qu'il puisse varier en fonction du diagnostic, ce qui permet de les mettre en corrélation[4] .

Notre corps, même s'il est au repos, communique toujours quelque chose, subrepticement. Les mouvements et les positions du corps ont une représentation dans la psyché de

---

[4] Communication non verbale. Flora Davis. Pp 183, Alianza Editorial.

l'individu ; ils montrent ce qu'il ressent et ce qu'il projette sur son environnement. Lorsque quelqu'un croise les bras lors d'une interaction avec une autre personne, il délimite son espace corporel intime, il dit, par ses gestes, sans prononcer un seul mot : "n'approche pas : mon corps est mon espace personnel et privé et tu n'es pas invité à me toucher parce que je ne te connais pas ou que je ne t'aime pas".

Tous les mouvements reflètent un état de tension ou de relaxation. Lorsque nous voyons un pianiste classique tendre son corps et étirer ses bras, en plaçant ses mains sur le clavier, son esprit est totalement concentré sur le processus de jeu. Un joueur de football, lorsqu'il marche sur le terrain alors que le ballon est de l'autre côté, balançant ses bras au rythme de ses pas, est détendu.

De même, le corps persuade lorsque deux amoureux se regardent fixement tout en approchant leur visage l'un de l'autre, en se touchant la main ou en se tendant pour s'embrasser ; le cas inverse peut être observé lorsqu'une jeune fille rencontre, lors d'une fête, un prétendant qu'elle n'aime pas beaucoup : elle essaiera généralement de garder ses distances afin que son corps ne touche pas le sien ; il essaiera d'attirer son attention en souriant, en la regardant de temps en temps, sans qu'elle s'en aperçoive. Ce sont tous des gestes de persuasion corporelle, qui véhiculent, communiquent, rapportent la relation entre l'humeur, la verbalité et le langage corporel.

C- Qu'est-ce que la proxémique et comment l'appliquer dans la vie de tous les jours ?

C'est au XXe siècle que les progrès de l'étude du comportement ont permis d'expliquer les relations que nous entretenons les uns avec les autres dans les contextes sociaux. En tant que descendants de primates, nous sommes déterminés par la vie grégaire : nous ne pouvons pas nous passer des relations avec les autres dans notre vie quotidienne. Cela détermine en grande partie notre comportement, nos gestes et, surtout, notre façon d'aborder les autres. C'est ce qu'on appelle la proxémique. Pour les troupeaux de chimpanzés, de bonobos et de gorilles, le territoire est essentiel pour pouvoir se déplacer, interagir et se sentir protégé des menaces venant de l'extérieur. Dans le monde naturel, le territoire est une valeur qui revêt une grande importance. C'est pourquoi la plupart des animaux marquent leur territoire pour avertir les autres de leur approche. Nombre d'entre eux marquent souvent leur territoire en urinant, ce qui permet à cette marque olfactive chimique d'inciter les intrus à s'éloigner.

La délimitation de l'espace et du territoire reste, malgré les progrès de nos sociétés, une question complexe et importante. La proxémique étudie la distance par rapport aux autres, en relation avec la culture de chacun. Elle a été introduite dans le monde académique par Edward Hall dans les années 1960. Pour certaines cultures anciennes, comme celles de l'Orient, le respect de l'espace personnel est intégré dans les rituels et, en général, dans la vie quotidienne.

La salutation japonaise typique, ojigi, qui se fait en inclinant légèrement la tête et le tronc en signe de respect, est l'exemple parfait de la sophistication d'un geste proxémique. De cette manière diplomatique, la culture japonaise a réussi à être polie tout en étant exempte de tout contact physique, car il est mal vu dans cette société d'utiliser des manifestations d'affection très expressives auxquelles nous sommes habitués dans notre culture occidentale, telles que l'étreinte ou le baiser sur la joue.

Salutation ojigi japonaise typique avec une légère inclinaison

Le contact physique avec des personnes que nous connaissons à peine est souvent très inconfortable. Le besoin d'espace privé est commun à toutes les cultures, c'est pourquoi des codes ont été créés, certains de manière plus explicite que d'autres. La prise de distance est l'une des premières choses que nous apprenons dans l'enseignement élémentaire.

La mesure de notre bras tendu est le moyen d'assurer la sécurité de l'espace privé. Les délimitations de l'espace telles que les clôtures, les grillages, les frontières, les portes, les murs et toutes sortes d'éléments de séparation sont des moyens de créer une distance pour maintenir un certain niveau de sécurité autour de nous.

Pratiquement tous les animaux se méfient de la distance intime. C'est pourquoi les adultes nous apprennent, lorsque nous sommes enfants, à nous tenir à l'écart des chiens et des chats qui ne nous connaissent pas, car lorsque nous essayons de les toucher, nous brisons la barrière de leur espace intime : en montrant leurs dents acérées, ils nous disent de garder nos distances, car ils ont besoin d'espace pour réagir s'ils sont menacés. De la même manière, lorsque nous rencontrons quelqu'un pour la première fois, après avoir salué l'étranger en lui serrant la main, nous gardons généralement une distance de sécurité par rapport à lui.

L'espace personnel individuel est souvent appelé "bulle privée", car c'est comme si nous transportions partout avec nous une sorte d'espace portable invisible et, à la moindre velléité de violation, nous avons tendance à réagir de manière inamicale, à regarder d'un mauvais œil toute personne qui nous pousse ou nous frôle dans une situation déjà suffisamment inconfortable, comme prendre les transports publics en attendant dans une gare bondée. C'est pour cette raison que, dans les avions ou les trains, il existe une zone réservée aux clients de première classe, où chaque passager dispose d'un espace personnel beaucoup plus grand qu'il n'a pas à partager avec d'autres étrangers.

La nécessité de tenir les étrangers à distance est accentuée dans les situations extrêmes, comme celle que le monde a connue lors de la dernière pandémie de Covid-19. L'une des principales recommandations dans ce contexte d'urgence sanitaire mondiale concernait précisément la proxémique dans une situation extrême : comment rester empathique et amical afin d'interagir socialement, sans pouvoir serrer la main dans les pays occidentaux ?

Le geste commun à pratiquement toutes les cultures de la planète depuis des millénaires, qui consiste à montrer ses mains à un étranger pour l'assurer que l'on ne porte pas d'arme, à conclure le pacte de confiance en se serrant la main, libre et nue, a disparu du jour au lendemain. Faire légèrement craquer les articulations dans des gants en latex ou toucher les coudes sur les avant-bras est devenu une forme de politesse proxémique inhabituelle au milieu d'une pandémie mondiale générée par un agent biologique potentiellement mortel.

Pandémie de Covid-19 : les mesures de biosécurité ont changé les gestes du langage corporel.

La délimitation de l'espace personnel est ancrée dans notre espèce. La salutation intime la plus courante, dans certaines cultures de la plupart des pays occidentaux, consiste en un baiser sur la joue lorsqu'il s'agit du sexe opposé et, à l'occasion, en une étreinte effusive entre hommes ; toutefois, dans certaines cultures telles que la culture méditerranéenne italienne ou la culture argentine, très influencée par la première, la salutation par un baiser sur la joue est également fréquente. Cette rupture de l'espace personnel est l'une des principales caractéristiques de la proxémique.

Lorsque nous avons dépassé l'intimité avec une personne qui fait déjà partie de notre cercle personnel, nous avons tendance à étendre l'espace personnel de proximité que nous avons avec les étrangers. L'espace corporel qui inclut la proxémie implique un facteur d'interrelation avec les autres, tout en étant une source de conflit : personne ne veut que l'espace intime soit transgressé, mais l'espace dit public est trop large pour pouvoir intégrer l'autre dans une congrégation, une réunion ou un événement de nature beaucoup plus privée.

L'un des exemples les plus courants dans la culture occidentale concerne les célébrations religieuses. À cette occasion, plusieurs dizaines de personnes se réunissent dans un temple pour écouter un prêtre. Tout au long de la cérémonie, il existe un espace personnel déterminé par l'espace entre chacun des participants.

Cependant, lorsqu'il est temps de se saluer, nous interagissons dans l'espace intime pendant quelques brefs instants. C'est un moment gênant, qui se manifeste dans le langage corporel des participants, lorsque nous serrons la main d'un étranger qui s'approche de notre espace intime.

D- Distances en proxémique

La proxémique comprend quatre zones bien définies de l'espace entre les personnes, à savoir :

Zone intime : il s'agit de la zone réservée aux personnes proches, aux amis et aux partenaires sexuels. Elle se situe entre 15 et 45 centimètres. C'est peut-être l'espace qui est gardé avec le plus de zèle, car il détermine la plus grande proximité et est directement lié à l'érotisme et à l'affection la plus profonde.

Zone personnelle : elle s'étend de 45 centimètres à environ 1,2 mètre. Il s'agit de la zone utilisée pour les interactions sociales quotidiennes étroites, que l'on peut mesurer en étendant le bras. C'est l'espace que l'on maintient lors d'une conversation quotidienne dans un restaurant, un bar ou dans des espaces communs.

Zone sociale : elle s'étend de 1,2 à 3,5 mètres. Il s'agit d'une zone de confort et de sécurité, car elle permet de maintenir une distance considérable avec un parfait inconnu, tout en conservant un espace prudent pour une réaction instinctive en cas de violation.

Zone publique : elle se situe à partir de 3,5 mètres. Il s'agit de l'espace le plus éloigné possible d'une autre personne, ce qui rend l'interaction pratiquement inexistante. L'invasion de cet espace, brusquement et sans avertissement, en s'approchant trop près, peut conduire à des conflits en raison de l'instinct de conservation.

59

CHAPITRE 5 : COMMUNIQUER AVEC LES EXPRESSIONS FACIALES

A- Que cachent les expressions du visage : le langage des yeux et du regard ?

Il est probable que l'une des formes les plus efficaces de communication corporelle dans le monde naturel soit liée aux expressions faciales, c'est-à-dire au regard et aux yeux. Les espèces utilisent souvent leurs yeux et leur regard comme un moyen efficace de communiquer, d'avertir d'un danger, de faire la cour, d'assiéger une proie ou de défier un concurrent qui cherche à pénétrer sur leur territoire.

Le pouvoir du regard et des yeux, bien que nous n'en soyons pas conscients, s'avère efficace pour déterminer les hiérarchies parmi les primates. Bien que nous ayons progressé biologiquement de plusieurs lieues depuis que nos ancêtres ont affronté d'autres espèces ou groupes d'espèces humaines, il reste déterminant en tant que trait imposant.

Une situation qui l'illustre bien, et que nous avons tous vécue, est celle où l'on rencontre un étranger n'importe où et où l'on échange un regard. Parfois, cet échange de regards a tendance à être fugace ; l'étranger nous regarde et nous le regardons, mais chacun poursuit son chemin. C'est un avertissement à notre instinct quand l'étranger nous regarde, fixe et intense.

Quelle est la réaction la plus fréquente : se dérober en regardant ailleurs ou tenir bon jusqu'à ce que l'étranger la détourne ? Si ce n'est pas le cas, nos alarmes instinctives se déclenchent pour nous préparer à deux scénarios possibles : la fuite ou le combat.

À cet égard, les primatologues ont étudié le comportement des grands singes dans ce scénario d'intimidation corporelle par le regard. Lorsque le primate était maintenu dans un espace contrôlé, l'observant à travers les barreaux de la cage, s'il s'approchait du primate sans le regarder directement dans les yeux, en regardant vers le bas, les primates ne montraient aucune sorte de réaction.

En revanche, lorsque le scientifique s'approche de la cage en la regardant droit dans les yeux, comme dans l'exemple de l'étranger dans la rue, le singe s'agite, passe de l'indifférence à l'agressivité, puis montre ses incisives pour signifier qu'il est prêt à relever le défi.

Se sentir observé est l'une des sensations les plus désagréables que l'on puisse éprouver. Bien qu'il soit impossible d'expliquer comment cela se produit, la seule chose qui est certaine, c'est que nous savons quand cela se produit ; notre instinct nous dit que nous avons une paire d'yeux sur nous comme des fléchettes.

Des études menées sur des primates en captivité ont montré que, s'ils étaient observés à partir d'un point caché, c'est-à-dire sans qu'ils sachent qu'un être humain les observait à ce moment-là, les animaux étaient apathiques, avec des signes de dépression visibles dans les ondes encéphalographiques.

Pourquoi un simple regard est-il si intimidant ? Bien qu'il s'agisse d'un organe qui reste fixé sur le visage, les yeux sont très éloquents en matière d'expression. C'est peut-être la raison pour laquelle, au fil des millénaires, on leur a conféré une aura de mystère et de pouvoir au-delà du tangible. Partout dans le monde, les légendes et les mythologies populaires attribuaient au supposé "mauvais œil" le fait que le simple regard d'une personne pouvait déclencher une série de maux et de malheurs sur la personne observée.

Dès l'époque de l'Égypte ancienne, les talismans étaient utilisés pour conjurer l'influence néfaste d'entités surnaturelles, par exemple en protégeant l'œil d'Horus. Aujourd'hui encore, dans certaines cultures comme la Turquie, il est possible de trouver dans les magasins de rue des "nazars", des amulettes qui contrecarrent l'influence du mauvais œil sur la victime.

Le pouvoir scrutateur du regard est un motif de poursuites judiciaires dans certains pays. Si un homme fixe une femme aux États-Unis ou en Europe, il peut être réprimandé par un policier sous peine d'être accusé de harcèlement sexuel. Dans les pays où la monarchie règne encore, il est interdit de fixer une figure d'autorité : regarder directement dans les yeux un monarque au Royaume-Uni ou l'empereur au Japon n'est pas autorisé, quelle que soit la raison.

Lorsque nous sommes exposés à une confrontation, comme les primates, nous aiguisons notre regard, fronçant les sourcils et plissant les paupières pour mieux nous concentrer sur notre adversaire. D'un simple regard, les gorilles et les chimpanzés persuadent les autres qu'un combat est sur le point d'éclater.

Dans le regard et ses formes, il y a une nuance qui s'adresse à l'autre de manière implicite et explicite. Les expressions sont éloquentes à cet égard : "il a regardé par-dessus son épaule", "il m'a regardé avec dégoût", "il me regardait avec une tête de chien grondé", "arrête de me regarder comme ça", "pourquoi tu me regardes", "il m'a tué avec ses yeux", "regarde-moi quand je te parle", etc. L'une des principales façons de se parler entre deux personnes qui se font confiance est le regard. Le cadre contenant l'œil, les sourcils, les cils et les paupières est capable de s'exprimer avec éloquence ainsi que la capacité du même organe à se contracter ou non lorsque la testostérone et l'adrénaline sont libérées lors d'une sensation intense, ce qui provoque la dilatation de la pupille pour mieux capter la lumière.

Lors d'un accès de colère, les pupilles passent d'un état d'ouverture à un état de fermeture, donnant l'impression que l'iris est beaucoup plus petit, contrairement à un état d'excitation ou d'extase, lors d'une soirée romantique ou d'un rapport sexuel. Le cerveau, en pleine activité, fait dilater la pupille ; il la contracte dans le cas contraire, lorsqu'il se prépare à se protéger ou qu'il est sur le point de céder à l'épuisement, comme dans les moments qui précèdent l'endormissement.

Les instincts essentiels de l'être humain, tels que la sexualité et l'autoconservation, sont directement liés à la taille de la pupille et à l'expression des yeux. Lorsque nous regardons quelqu'un qui nous plaît, la pupille se dilate, car il y a une irrigation de sang vers tous les organes du corps, principalement les organes sexuels. De même, lorsque quelqu'un nous attaque et donne le premier coup de poing ou nous pousse, le cerveau se met immédiatement en mode survie, dilatant les pupilles afin d'être à l'affût de toute agression de la part de l'adversaire.

Regarder ailleurs, pour éviter le contact visuel avec quelqu'un, ou regarder fixement, sans cligner des yeux, sont les deux faces d'une même pièce lorsque nous aimons ou n'aimons pas quelqu'un. Regarder quelqu'un de travers indique, dans certains cas, une forme de mépris implicite ; dans d'autres, c'est une façon de regarder quelqu'un que l'on aime bien, mais en gardant les formes sociales : les deux sont des façons diplomatiques de dire que l'on ne supporte pas quelqu'un ou qu'on l'aime bien, mais que l'on ne veut pas le dire expressément en tournant la tête.

Le clin d'œil est une façon de flirter sans avoir à prononcer un seul mot. À l'inverse, faire un clin d'œil à une autre personne tout en la fixant signifie qu'elle est sous notre regard, que nous ne lui faisons pas confiance et que nous pensons que c'est une personne dont il faut se méfier. Aujourd'hui, avec l'avènement de la technologie mobile dans nos vies, il n'y a pas de plus grande forme de mépris que d'ignorer quelqu'un qui nous parle tout en fixant l'écran du téléphone.

Le langage du regard et les expressions faciales qui s'y rapportent sont innombrables. Il pourrait occuper plusieurs volumes d'une encyclopédie, car il a progressé avec nous au fil des millénaires, depuis que nous étions des primates et que nous avons commencé à nous tenir debout pour chercher de la nourriture dans les arbres, en aiguisant notre regard, jusqu'à aujourd'hui, où nous regardons à travers un microscope ou nous nous voyons reflétés dans l'objectif d'un appareil photo.

B- Des expressions faciales qui inspirent le respect

Il est probable qu'au cours de notre vie, nous ayons rencontré des personnes qui imposent leur hiérarchie aux autres. Au collège ou au lycée, comme on l'appelle dans certains pays, nous avons sûrement croisé cette brute qui s'imposait aux autres enfants en les frappant, en les menaçant, en leur prenant leur goûter ou simplement en leur inspirant de la peur pour se faire respecter et renforcer leur fragile estime de soi. Les brimades, telles qu'on les connaît aujourd'hui, se manifestent souvent de plusieurs manières, non seulement physiques, mais aussi beaucoup plus subtiles.

La manière dont les gestes du visage peuvent projeter une hiérarchie sur les autres est l'un des aspects les plus fascinants du langage corporel. Ceux qui ont tendance à s'affirmer par rapport aux autres voient le monde de la même manière qu'un boxeur ou un lutteur : comme un espace où l'on peut décider qui est supérieur ou plus fort. Les personnes qui affichent ce comportement agressif sont prêtes à pousser leur statut d'alpha jusqu'à ses ultimes conséquences, laissant les autres en dessous d'elles.

Ce type de personnalité a besoin de montrer aux autres qu'il a toujours le contrôle. Ils montrent une série de gestes particuliers, dénotant leur air de supériorité, mais surtout leur autosuffisance et leur sens de la valeur personnelle, voire leur mégalomanie. Dans de nombreuses entreprises prospères, il est courant de les voir occuper des postes de pouvoir en tant que chargés de clientèle, chefs de service et, bien sûr, CEOS, c'est-à-dire directeurs d'entreprise.

Le secret de la réussite pour atteindre le sommet a fait couler beaucoup d'encre. Certains auteurs, comme Napoleon Hill, affirment que l'attitude est la clé pour persuader les autres et, par conséquent, pour gravir la pyramide sociale. Une partie de l'attitude est liée à nos expressions faciales et à nos gestes. Le visage est la première chose que les autres voient de nous. Une apparence mal soignée, avec des cheveux en désordre et une grosse barbe qui n'a pas été entretenue depuis plusieurs semaines, donne un air farouche, comme celui d'un naufragé ou de quelqu'un qui vient d'émerger de la jungle après s'être perdu.

Il existe d'innombrables visages qui finissent par devenir l'image d'un produit ou d'une entreprise. Le colonel Sanders, par exemple, est l'icône de la chaîne de restaurants KFC dans le monde entier. Pendant de nombreuses décennies, le Quaker avec son bol d'avoine a été l'emblème du petit-déjeuner pour des milliers de familles aux États-Unis.

Le sourire stimule les neurones miroirs des personnes avec lesquelles nous interagissons. Il s'agit d'un héritage biologique des mammifères, y compris des primates, nos ancêtres, ainsi que de nous-mêmes, *Homo sapiens*.

Pour persuader en imposant une autorité ou une hiérarchie, il n'est pas nécessaire de froncer les sourcils. De nombreux psychologues, ainsi que des spécialistes de l'image personnelle et du marketing, affirment que le sourire permet à notre interlocuteur de faire preuve d'affinité et d'empathie à notre égard. Au lieu de susciter de l'affinité, un geste grimaçant et inamical fait instinctivement se détourner les gens, car il s'agit d'une sorte de signe qui fait fuir les gens. Ce n'est pas une bonne stratégie pour gagner la confiance.

Garder le regard fixé sur l'interlocuteur, comme nous l'avons vu plus haut dans un autre chapitre, intimide plus qu'il ne donne confiance. Les regards doivent se croiser lorsque l'on veut souligner une affirmation ou lorsque l'on transgresse l'espace de la zone intime pour imposer une hiérarchie par le biais du regard, d'une mâchoire ferme et d'un léger sourire qui s'affirme par un hochement de tête affirmatif.

Les grands dirigeants politiques utilisent souvent ces codes gestuels pour paraître plus empathiques et amicaux. Lors de la conférence de Yalta, pendant la Seconde Guerre mondiale, les dirigeants des principales puissances mondiales de l'époque - Churchill, Premier ministre du Royaume-Uni, Franklin D. Roosevelt, président des États-Unis, et Josef Staline, dirigeant de la Russie soviétique - se sont réunis pour décider de l'avenir du monde. Les analystes du langage corporel ont noté que les trois dirigeants sont toujours restés souriants, amicaux et optimistes, s'efforçant de plaire à la presse mondiale à chaque instant. Pourquoi n'ont-ils pas adopté un geste froid, distant et inexpressif ? Leur intention était de montrer qu'ils étaient des dirigeants empathiques. Ils semblaient s'efforcer, chacun, d'être plus gentil que les autres.

Sur le champ de bataille de la vie professionnelle, sociale ou académique, il n'est plus possible de se frapper la poitrine et de hurler comme le font les primates dans les montagnes d'Afrique. Le cortex cérébral nous a rendus plus sophistiqués en ce qui concerne l'affichage de la hiérarchie. Les moments de tension d'une réunion ou d'une rencontre importante sont souvent teintés de sourires nerveux, de regards en coin, de cravates ajustées et de femmes qui se recoiffent en les touchant à tout bout de champ.

Lorsqu'il s'agit de faire preuve d'autorité, celui qui occupe le rang le plus élevé dans la hiérarchie est totalement calme. Il regarde à peine tout le monde, mais en même temps, il balaie tous les visages. Il est imperturbable, semble à peine respirer et cligner des yeux. Son contrôle total de la situation est lié à son langage gestuel : son menton est légèrement pointé vers le haut, projeté en biais au-dessus de la tête des spectateurs. Son regard passe d'un visage à l'autre, sans s'arrêter sur aucun. Il semble se retenir de sourire, mais ses lèvres restent fermées à angle droit. C'est une expression ambiguë. Les grands leaders présentent de tels traits de contrôle gestuel.

Dans le cadre d'une étude menée par le Dr Simon Baron-Cohen de l'université de Cambridge, il a été demandé à un groupe d'évaluer l'état mental de chacune de ces images en regardant une bande étroite du visage humain. Quatre-vingt-quinze pour cent des femmes y sont parvenues, contre 80 % des hommes. L'étude a conclu que le cerveau féminin est beaucoup plus sensible aux émotions que le cerveau masculin.

C- Mains et jambes

En tant que primates évolués, nous, les humains, ne sommes pas seulement fascinés par les multiples expressions faciales. Nous avons également tendance à lire d'une manière particulièrement spéciale ce que nous faisons avec nos mains et nos jambes. Après tout, ce sont les membres que nous avons dû développer le mieux, jusqu'à ce que nous ayons perfectionné la façon dont nous les utilisons.

C'était le seul moyen de descendre des arbres et de prendre le contrôle de l'environnement naturel hostile. À notre époque technologiquement avancée, les femmes regardent encore les mains des hommes, et les hommes les jambes des femmes, comme un critère d'attirance sexuelle. Comme pour tout ce qui se passe dans le monde naturel, il ne s'agit pas d'une coïncidence.

Les mains sont bien plus qu'un moyen d'interagir avec le monde. Outre l'utilisation d'outils quotidiens tels qu'un clavier d'ordinateur, un téléphone portable, des ustensiles pour manger et le volant d'une voiture pour conduire, nous les utilisons également pour interagir socialement.

Lors d'une première rencontre, les six ou sept premiers mouvements des mains permettent de savoir ce que sera la relation entre deux personnes : la façon dont elles bougent indique s'il s'agit de domination, de soumission ou de manipulation grossière. Tant sur le plan politique que spirituel, les mains ont été utilisées pour montrer des gestes symboliques de contrôle.

Des mudras de la religion hindoue au salut romain utilisé par les régimes fascistes dans les années 1930 et 1940, en passant par la bénédiction du pape depuis son balcon de la place Saint-Pierre, tous ces gestes sont des gestes de la main.

La main peut revêtir différents usages symboliques, selon la façon dont elle est orientée : avec la paume tournée vers l'avant, elle a un caractère conciliant et pacifique. L'extension de la main avec la paume tournée vers le bas est un geste militaire de l'ancien Empire romain, qui signifiait l'avancée, le choc et l'affrontement. De même, la main contractée sur elle-même devient un instrument d'attaque comme dans la boxe ; dans les disciplines martiales comme le karaté japonais, sous la forme d'une épée, elle est utilisée pour frapper l'ennemi.

En regardant les mains d'une personne, on peut savoir ce qu'elle fait dans la vie, quel est son statut dans la société, et même comment elle pense. Certains mammifères comme les canidés : chiens, loups, chacals, etc., ont tendance à montrer leur cou en signe de soumission à un adversaire qui les soumet, couchés sur le dos ; de même, lors d'une conversation entre deux personnes, les paumes des mains sont généralement montrées avant, pendant et après la rencontre, en signe de confiance : c'est un vestige de notre comportement primitif, dans lequel nous nous promenions armés ; dans le cerveau cortical, la raison et le dialogue ont remplacé la force des armes pour résoudre les problèmes et les conflits.

Le contact physique des mains avec les autres est une caractéristique marquée de la plupart des cultures occidentales. Nous avons déjà vu que les Orientaux essaient de garder leurs distances intimes, en utilisant les symboles habituels de la politesse. Mais pour notre cerveau de primate, le contact physique est important lorsqu'il s'agit de transmettre de l'empathie, de l'affection ou un sentiment de sécurité. Les nouveau-nés sont constamment caressés et touchés par les adultes en signe de chaleur et d'affection.

En grandissant, la proximité physique et l'intimité deviennent de plus en plus sporadiques et ne sont réservées qu'aux personnes de notre environnement personnel. S'approcher trop près de l'espace intime de quelqu'un est un geste impoli et peut même être interprété comme un geste menaçant. En général, pour montrer que nous ne sommes pas d'accord avec quelqu'un qui franchit cette barrière, nous plaçons nos paumes tendues devant nos mains, indiquant ainsi que cette personne ne doit pas dépasser la limite imaginaire que nous délimitons avec elle.

*Geste de la paume étendue vers l'extérieur
représentant l'avertissement : "ne passez pas".*

D- Jambes

Les jambes sont également un moyen éloquent d'exprimer le langage corporel. La modification que nos jambes ont subie à un moment donné, avec le développement d'une articulation au niveau de la hanche, a permis une grande polyvalence dans de nombreuses activités pratiquement exclusives à l'homo sapiens : avec nos jambes, nous pouvons marcher, danser, courir, faire des arts martiaux et pratiquer divers sports tels que le football ou l'athlétisme. Si nous regardions nos jambes du point de vue du reste des espèces animales, nous serions certainement surpris par l'ampleur et la polyvalence que nous leur donnons.

En parlant de langage corporel, les jambes sont des outils extrêmement utiles pour exprimer ce que nous ressentons à un moment précis. La posture et la position des jambes peuvent indiquer la nervosité, la relaxation, le calme, l'agitation, l'anxiété, l'excitation, la tension et toute une série d'autres états.

Il est courant que les psychologues analysent la posture des jambes des candidats à l'emploi. Lorsqu'on leur demande de se "détendre", la plupart d'entre eux ont tendance à croiser les jambes, à les bouger en les tapant sur le sol, en les tambourinant ou en les écartant exagérément. En fait, ce geste, qui peut paraître envahissant dans des circonstances inconfortables comme dans un bus ou une voiture de métro, lorsqu'il est fait par un homme, est connu sous le nom de body mansplaining : envahir une partie de l'espace de l'autre en écartant les jambes à la manière d'une pince.

Croiser les jambes est une façon d'exprimer sa territorialité par le langage corporel. La distance entre un pied et l'autre est directement proportionnelle à la quantité de territoire que l'on veut couvrir. Bien que cela puisse sembler être un mythe, il est possible de l'observer dans la pratique : en observant les agents de sécurité, les escortes, les policiers ou le personnel de sécurité, il est possible de constater que, lorsqu'ils sont debout, ils gardent les pieds plus écartés que d'autres personnes qui exercent des activités totalement différentes, comme un médecin, un enseignant, un architecte, un artiste ou un prêtre. Cette posture est nécessaire en termes de langage corporel, car elle permet de communiquer aux autres qui contrôle l'espace personnel. Cette posture est un symbole de sécurité et de confiance en soi, et projette inconsciemment une domination sur le territoire et l'espace personnel.

Lorsque quelqu'un veut pénétrer dans notre espace personnel le plus proche, appelé espace intime, il avance généralement de plusieurs pas jusqu'à ce qu'il soit face à nous, qu'il nous regarde, voire qu'il respire directement dans notre visage. Ses pieds seront écartés, anticipant tout geste d'agression pour aller au combat, en prenant soin de maintenir l'axe de gravité pour éviter de tomber et d'être la proie du prétendant. Autant de signes qui dénotent la domination d'un corps sur l'autre. Ce sont des mécanismes corporels subtils qui transmettent la force et la décision.

E- La position

La façon dont nous disposons notre corps en dit long sur l'attention que nous portons aux autres. Les autres remarquent qu'une personne fait preuve d'empathie, d'assertivité ou d'attention à ce qu'elle fait ou dit. Dès que l'on entre en communication avec une autre personne, il y a un certain nombre de signes corporels et gestuels de connexion. L'attention portée à l'interlocuteur se manifeste par la projection du corps par rapport à l'interlocuteur.

Si quelqu'un n'est pas du tout intéressé par l'interaction avec son interlocuteur, son corps le reflétera. Que nous soyons debout, assis ou allongés, la façon dont nous disposons notre corps a un impact important sur notre disposition et notre capacité à écouter et à prêter attention.

Si quelqu'un a le corps affaissé et avachi, c'est-à-dire qu'il semble être replié sur lui-même, c'est un indicateur d'un grand désengagement et d'un manque d'intérêt.

À l'inverse, lorsque le torse est relevé, que la tête reste droite sur le cou, que les épaules sont inclinées vers l'arrière, que les expressions du visage sont calmes et que les yeux suivent les gestes et les lèvres de l'interlocuteur, il s'agit d'un signal direct et clair indiquant que le cerveau est prêt à écouter ce qui est dit.

Les experts en langage corporel connaissent ces gestes et postures subtils qui permettent de savoir si quelqu'un est sincère et s'intéresse vraiment à ce qu'il va dire. Bien que nous n'en soyons pas conscients, notre corps et notre visage émettent constamment des signaux d'empathie ou de rejet envers les autres, sans que nous nous en rendions compte. Cependant, le cerveau des mammifères et des primates, qui a connu un long processus d'adaptation, sait très bien lire ces signes, qui sont généralement sans équivoque.

La posture voûtée avec le regard vers le bas montre le désintérêt et l'apathie.

Un corps mou, affaissé et qui semble tenu par des ficelles, comme une marionnette, est une preuve évidente d'apathie, de dépression et d'abattement. À l'inverse, lorsqu'un corps reste droit et montre qu'il est alerte, il dénote de l'engagement, de l'énergie et de la volonté. C'est un signe d'affirmation positive du corps. De même, cette posture est complétée par l'expression du visage, les yeux écarquillés, les sourcils fixes et le ton franc et clair de la voix de l'interlocuteur.

En associant une communication avec une autre personne à une affirmation corporelle, on établit une relation saine où les comportements coïncident et où le cerveau est attentif à l'échange, ce qui augmente les chances de persuader les autres de comprendre et d'accepter notre point de vue.

Les professionnels de la vente disent souvent aux futurs vendeurs ce qu'il faut faire et ne pas faire pour avoir un impact positif sur leurs clients potentiels. Une seule erreur peut coûter cher. Ne pas fixer le client dans les yeux pendant longtemps, ne pas envahir son espace intime, ne pas le toucher, toujours garder une distance respectueuse, est un facteur décisif pour qu'un client prenne une décision en faveur du vendeur et accepte sa proposition.

La persuasion nécessite l'établissement d'une relation de confiance, qui ne peut être obtenue qu'en construisant la confiance. La posture du corps est essentielle dans ce processus. Chacun de nos gestes et mouvements communique une sensation que le cerveau de l'interlocuteur interprète de manière univoque dans deux directions : l'agression ou l'amitié, l'empathie ou le rejet, la contrariété ou le plaisir. C'est la raison pour laquelle l'expression "il n'y a pas de deuxième chance de plaire" est si vraie.

La posture corporelle reflète notre humeur et notre empathie sociale. Prendre de la distance ou croiser les bras ou les jambes sont des façons d'exprimer corporellement une barrière ; au contraire, se rapprocher, regarder directement le visage et essayer d'être proche, est une forme d'empathie de notre cerveau qui s'exprime à travers le corps.

Dans de nombreuses cultures, la proximité corporelle est une manifestation d'empathie qui se traduit par le baiser, même entre hommes, ou l'étreinte, comme c'est le cas dans les pays slaves ou dans la Méditerranée italienne. C'est un symbole de confiance totale et de camaraderie.

C'est pourquoi de nombreux spécialistes de l'éthologie (comportement animal), primatologues et anthropologues ont compris le sexe comme un champ de bataille, où l'un domine l'autre, qui assume une position d'infériorité et de faiblesse, afin de plaire au partenaire sexuel. Chez aucune autre espèce animale, ce phénomène ne se produit comme chez l'homme, où le spectre sexuel a des significations et des symbolismes aussi nombreux et variés.

Cependant, les gestes humains et la corporalité ont des niveaux d'interprétation si complexes qu'ils peuvent être utilisés habilement par des personnes entraînées à persuader par leurs gestes, leurs mouvements, le ton de leur voix et leur posture. Les acteurs apprennent souvent une méthode pour représenter le personnage qu'ils essaient d'incarner, poussant leur propre corps à la limite en s'adaptant à ce qu'ils essaient de dire à travers leur rôle. De nombreux professionnels du marketing et de la vente utilisent également les clés du langage corporel pour faire adhérer le client à leurs intentions commerciales, sans refuser ni opposer de résistance.

Acteur de théâtre répétant un rôle

CHAPITRE 6 : LA COUR ET LA SEDUCTION

A- Signaux de parade nuptiale chez l'homme

Bien que nous ne soyons pas conscients de son pouvoir dans l'établissement de relations sexuellement affectives, le langage corporel est crucial au moment de la séduction. De son efficacité dépendra le succès de la fondation de la relation qui, à long terme, aboutira à une nouvelle vie et à la fondation d'une famille.

Le cerveau limbique, qui sert de médiateur entre le cerveau reptilien et le cerveau cortical, est responsable des expressions, attitudes, mouvements et gestes automatiques lors de l'interaction avec l'environnement, y compris, bien sûr, avec les personnes. Même si l'on considère que la civilisation a déterminé la façon dont nous traitons la sexualité dans la vie moderne, c'est au contraire la sexualité qui nous a permis de vivre comme nous le faisons et qui a conduit les êtres humains à un état de bien-être toujours plus grand.

En tant que primates évolués, notre comportement en matière de sexualité est systématique et prévisible : il y a d'abord la cour ou le flirt, qui est initié par une série de gestes physiques et psychologiques indiquant une réponse positive à la proposition d'union sexuelle.

Un chercheur et auteur, Albert Scheflen, a découvert que lorsque deux personnes du sexe opposé entrent en contact, il existe un certain nombre d'indicateurs corporels de l'attirance sexuelle. Les caractéristiques physiques telles que la mollesse du visage, la contraction de l'estomac pour paraître moins volumineux, la posture du corps en général devient plus droite pour donner l'impression d'une plus grande taille et d'une plus grande force physique.

Il s'agit d'indicateurs destinés à attirer davantage l'attention du partenaire sexuel potentiel. C'est une lueur de notre passé de primate qui est prêt à transmettre le patrimoine génétique à celui qui est considéré comme le membre le mieux doté du sexe opposé.

Pour les femelles, le choix du meilleur mâle avec lequel se reproduire est d'une grande importance, car la qualité de la progéniture en dépendra. Si la femelle choisit un mâle malade, vieux ou faible, le risque que la progéniture naisse avec des défauts physiques, des malformations ou d'autres conditions qui ne lui permettront pas de survivre serait un gaspillage de ressources biologiques.

En ce sens, les femmes conservent également cette sélectivité issue de leurs ancêtres primates et mammifères supérieurs. Le terme hypergamie (du grec *hyper*, supériorité, et *gamia*, copulation, mariage) définit très bien cette tendance à choisir le meilleur prétendant, qui caractérise le comportement de la femme face à l'ensemble des hommes qui ne cessent de louer, de suivre et de courtiser une femme dans la splendeur de son pouvoir sexuel et reproductif.

Les gestes de proximité dans l'espace intime, qui caractérisent un couple amoureux, sont des signes clairs d'une véritable attirance sexuelle.

À l'instar des primates, le mâle présente une série de caractéristiques corporelles et de gestes destinés à attirer l'attention sexuelle de la femelle. Il lève les épaules, donnant l'impression qu'elles sont plus larges, avance la mâchoire, montrant que ses os sont solides, et adopte une posture entièrement droite, afin de projeter, la poitrine en avant, qu'il est en bien meilleure santé, plus jeune et physiquement plus fort que les autres prétendants.

La femme, quant à elle, se déplace généralement avec coquetterie, en dansant ou avec des mouvements sensuels qui montrent la volupté de son corps, la largeur de ses hanches ; elle joue avec ses cheveux en lançant des phéromones à l'homme pour le séduire, elle écarte les cils en fixant le prétendant, lui faisant comprendre qu'elle est ouverte et réceptive à ses stratégies de séduction.

Une fois cette barrière physique franchie, l'étape suivante est généralement un contact physique qui transgresse l'espace intime, lequel, comme nous l'avons vu précédemment, n'est destiné qu'aux personnes que nous considérons comme les plus proches et ayant un plus grand degré d'intimité avec notre corps.

Le fait d'entrecroiser les mains et de se toucher est un geste indubitable d'attirance physique et sexuelle ; permettre à l'homme de toucher les jambes ou à la femme de le toucher est également un signe clair d'un intérêt réel qui va bien au-delà de la diplomatie dans les relations avec l'autre sexe.

Les primates, comme l'explique Frans de Waal, ont également une série de gestes corporels clairs pour entrer en contact avec les autres, dont on pourrait supposer qu'ils ont un caractère sexuel, mais ce n'est pas le cas.

Un nouveau gardien présenté à un groupe de bonobos a accepté la proximité quotidienne de cette espèce avec les nouveaux membres en se laissant embrasser en guise de bienvenue. Le gardien, innocent à ce geste, s'est soudain rendu compte qu'il recevait un baiser de langue de la part d'un des spécimens de bonobos[5] .

Le baiser, qui est un signe évident de séduction, est également un geste hérité directement des primates. Il

---

[5] Frans de Waal. Le singe en chacun de nous. Chapitre 3 : Le sexe. Pp 89.

représente la confiance et la chaleur de la mère nourricière, qui apporte la nourriture de sa propre bouche à celle de ses petits. Il s'agit également d'un geste caractéristique des oiseaux, qui permet aux oisillons de survivre lorsque leur mère les nourrit directement dans leur bec.

Il existe un épisode d'un célèbre baiser entre deux dirigeants communistes, le Russe Leonid Brejnev et l'Allemand Arthur Honecker, qui n'est pas seulement devenu une icône de la culture pop, ornant l'ancien mur de Berlin, mais aussi un grand exemple d'empathie et d'ouverture corporelle. Il s'est produit lors du trentième anniversaire de la RDA (République démocratique allemande), un événement au cours duquel les deux dirigeants du bloc communiste se sont salués avec effusion, métaphorisant une union qui semblait bien plus que politique entre les deux peuples, et qui a été scellée par ce baiser légendaire.

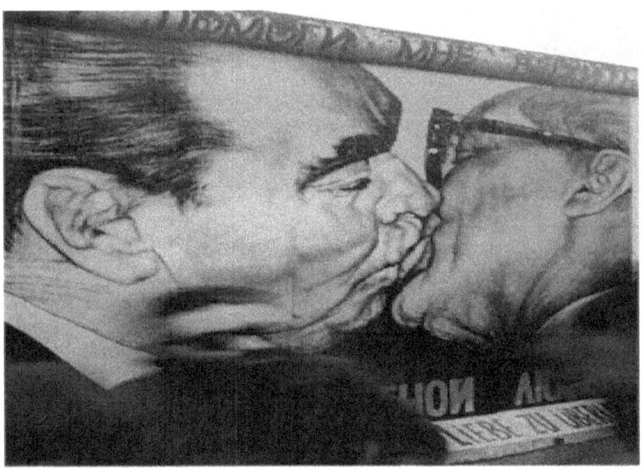

Le célèbre baiser entre les dirigeants Leonid Brejnev et Arthur Honecker, devenu une icône populaire du XXe siècle.

Le baiser est une soumission et un abandon absolus ; les deux parties se font tellement confiance qu'elles abandonnent toute forme de résistance à une agression ou une attaque potentielle en baissant les bras. Pendant le rituel du baiser, les mains sont généralement jointes ou entrelacées avec celles du partenaire, comme un prélude à l'acte sexuel et à la reproduction. La posture de soumission peut également être illustrée lors de la copulation. Chez presque toutes les espèces, pendant les rapports sexuels, les postures défensives se relâchent ou disparaissent complètement.

Les bonobos, qui sont de loin les primates les plus sexuellement actifs, ont un comportement érotique marqué dans chacun de leurs gestes. Les jeux entre personnes du même sexe sont fréquents chez eux. Les baisers avec la langue sont fréquents chez ces primates, et même normaux chez les jeunes mâles, étant donné que leur comportement sexuel est commun à pratiquement toutes les activités sociales qu'ils mènent, de la collecte de nourriture aux jeux.

L'un des collaborateurs de l'éminent zoologiste autrichien Konrad Lorenz, Jürgen Nicolai, a passé des décennies à étudier et à observer le comportement de différentes espèces d'oiseaux. Au cours de ces observations, il a découvert que chez une espèce d'oiseau européen, le bouvreuil, c'est la femelle qui initie le début du rituel d'accouplement.

Chez la plupart des espèces, c'est le mâle qui prend l'initiative, mais il arrive que ce soit l'inverse. Lorsque la femelle a choisi le mâle pour effectuer le travail de reproduction, elle s'envole vers lui et se pose sur son dos.

Là, elle se lève et commence à faire une série de bruits comme si elle était un coq. Ce geste signifie que le mâle sur lequel est perchée la femelle bouvreuil a été choisi pour procréer une nouvelle génération. On pourrait dire que cet oiseau est une sorte de précurseur, parmi les oiseaux, des femmes autonomes qui, de nos jours, prennent souvent l'initiative de flirter avec un homme. Si le mâle résiste à la séduction de la femelle, celle-ci peut devenir violente, le harceler au point de le poursuivre et de le harceler pour qu'il accède à ses intentions.

L'un des fantasmes les plus récurrents des femmes est d'être séduites par un soupirant sorti d'un film hollywoodien, de flirter avec lui et, enfin, de vivre une nuit de passion à l'issue de laquelle une relation parfaite sera consommée. Malheureusement, cela n'arrive pas souvent, car la plupart des hommes n'ont pas la capacité de lire les signes de séduction dans le langage corporel des femmes.

Bien qu'il existe de nombreux livres, vidéos et contenus sur Internet sur la manière de flirter parfaitement avec une femme, il n'y a pas de recette, et encore moins de liste de choses qui fonctionnent dans toutes les circonstances.

Croyez-le ou non, certains grands séducteurs ne sont pas les hommes les plus séduisants. Beaucoup d'hommes ont une sorte d'aimant qui attire les femmes qui ne sont pas attirantes pour les autres. Il est entendu que ce sont les hommes qui doivent prendre l'initiative de faire la cour, mais c'est la femme qui a les coudées franches, c'est-à-dire qui accepte ou rejette l'homme qui lui montre ses intentions.

Comment s'y prend-il ? Si un homme est suffisamment intelligent, expérimenté ou méfiant pour les comprendre, il sera capable de lire les gestes qu'elle lance par sa posture, son regard et ses gestes. La raison pour laquelle de nombreux hommes ne parviennent pas à flirter avec une femme au cours de l'interaction est liée au fait qu'ils jouent constamment à la roulette de l'attraction.

Lorsqu'un homme croise le regard d'une femme dans un bar ou une discothèque, il s'agit la plupart du temps d'un acte aléatoire, car elle ne fait peut-être qu'un simple panoramique général, sans plus.

Faire l'erreur de demander l'heure, de parler du temps qu'il fait ou de la situation politique actuelle, ne fait que repousser le désastre du flirt gâché par la maladresse de ne pas savoir lire les gestes du langage corporel.

Une telle situation est exclue lorsque l'homme possède des qualités physiques remarquables et n'a pas besoin de se donner beaucoup de mal pour attirer l'attention des femmes. L'un des moyens d'écarter ou non un prétendant qui utilise une femme est si subtil que très peu d'hommes, ou ceux qui ont une grande expérience des femmes, sont capables de le lire.

Le célèbre jeu des regards est un élément incontournable de l'attirance physique. Une femme regarde en moyenne trois fois, en fixant ses yeux sur l'homme qu'elle trouve le plus attirant parmi les autres.

Retenir le regard d'une femme pendant ce processus peut tout gâcher, la poussant à abandonner le jeu parce qu'elle le trouve trop facile ou parce qu'elle est manifestement intimidée par l'attitude de l'homme. C'est pour cette raison qu'un homme doit connaître l'étape qui suit le flirt visuel, à savoir les mouvements qui indiquent le succès de la séduction. Ce jeu de regards peut être répété, et s'il se produit, c'est le signe d'une attirance marquée de la femme pour l'homme.

Le jeu des regards est le premier indicateur de l'attirance physique de la femme.

B- Mouvements et séduction

Une fois que le contact visuel est effectif et réciproque, l'étape suivante du rituel de la séduction humaine concerne les mouvements du corps, qui s'apparentent à une sorte de danse. La plupart des mâles de différentes espèces courtisent généralement la femelle au moyen de mouvements chorégraphiques et théâtraux. Certains paons exécutent souvent une série de danses, déployant leur splendide plumage pour impressionner la femelle.

Les humains ont d'autres stratégies de reproduction beaucoup moins farfelues, mais tout aussi efficaces. Les discothèques et les carnavals sont souvent des occasions idéales pour obtenir un flirt qui peut durer longtemps. Les gens s'y rendent pour se détendre, se divertir et s'amuser, généralement en recourant à l'un des plus anciens rituels connus pour obtenir des relations sexuelles : la danse.

Au cours de la danse, tous les mouvements du corps peuvent facilement être confondus avec des sous-entendus érotiques. Vous prenez la fille par la taille et approchez sa tête de la vôtre, dans une position de proximité telle que les règles de la distance intime sont complètement rompues.

La danse est l'occasion idéale de démontrer sa santé, sa vigueur et sa plasticité, ce qui peut faire pencher la balance en faveur de ce prétendant par rapport aux autres, qui, malheureusement, n'ont pas cette capacité corporelle. La proximité des organes sexuels des deux personnes pendant la danse, la sueur, le souffle, le contact entre les mains et le corps des deux personnes constituent un aphrodisiaque parfait pour consommer l'attirance qui a commencé par le jeu des regards.

La danse constitue le rituel d'accouplement
social par excellence de l'espèce humaine.

Pendant la parade nuptiale, la femme se tient généralement droite, faisant saillir ses seins pour montrer sa vitalité et sa capacité à téter. Elle a également tendance à croiser les jambes ou à pointer les pieds en direction de l'homme qui la courtise, pour signaler qu'elle est intéressée ; si elle est debout, elle se déhanche, montrant sa fertilité et sa vigueur, tripote ses cheveux pour montrer son intérêt en faisant semblant de lui plaire davantage, fait tourner ses doigts, ne le quitte pas des yeux et penche la tête vers ses épaules.

Vous pouvez également humidifier vos lèvres ou les mordre, comme si vous mordiez quelque chose. Votre ventre sera parallèle à votre dos, vous ajusterez vos vêtements pour qu'ils collent à votre corps et vous toucherez vos mains nerveusement en entrelaçant vos doigts. Votre corps sera toujours perpendiculaire à celui de l'homme qui vous intéresse.

Le contact physique est un autre des gestes incontournables du jeu de danse corporelle. Le toucher, le pousser légèrement avec les hanches si vous êtes côte à côte, frôler son entrejambe avec les genoux, lui caresser les cheveux ou toucher ses vêtements sont des façons de se rapprocher de manière plus intime. Si la femme s'approche pour la première fois après le jeu des regards, en offrant sa main pour serrer celle de l'homme, c'est un geste qui indique une attirance franche et authentique.

Les gestes de séduction positive des femmes ont tendance à être subtils et généralement moins sexualisant que ceux des hommes, qui ont tendance à être plus directs, comme le fait de fixer son corps ou de la complimenter.

Dix signes d'une forte attirance d'une femme pour un homme :

1. Rejeter ses cheveux en arrière : par ce geste, la femme libère les phéromones qui l'entourent, en tenant presque toujours ses cheveux à deux mains, et en éventant également la substance avec ses aisselles pour que l'homme puisse les percevoir. C'est un signe direct d'intérêt sexuel.
2. Se mordre les lèvres et les toucher avec la langue : la langue féminine prend ici la forme d'un phallus et touche les lèvres, les humidifiant. Elle montre ainsi à l'homme qu'elle est sexuellement prête pour la copulation, de manière diplomatique mais directe. Les lèvres des femmes sont généralement beaucoup plus charnues et pulpeuses que celles des hommes.

Elles constituent donc une arme de séduction efficace en accentuant leur bouche avec du rouge à lèvres.

3. Pupilles dilatées et yeux brillants : les yeux de la femme sont fixés sur l'objet de son désir et s'humidifient constamment en clignant des yeux pour ne pas quitter des yeux l'homme qu'elle a choisi pour procréer.

4. L'auto-caresse : les femmes qui sont sexuellement intéressées par les hommes ont tendance à se toucher les cuisses, les bras ou à se caresser. Il s'agit d'une projection psychologique extériorisée par le désir d'être touchée. De manière voilée, elle communique au prétendant qu'il pourra faire de même avec elle lorsqu'ils seront dans un moment d'intimité.

5. Baisser le poignet : le geste de baisser le poignet est une sorte d'allusion subconsciente à ce que font souvent les oiseaux en faisant semblant d'avoir une aile blessée pour montrer leur vulnérabilité face à un prédateur qui menace le nid. De la même manière que ce geste cliché a été popularisé dans la culture populaire chez les hommes homosexuels, pour montrer qu'ils sont beaucoup plus délicats que les autres, les femmes utilisent le poignet tombé pour attirer les hommes en montrant qu'elles sont plus vulnérables.

6. Regarder par-dessus l'épaule : bien que dans un autre contexte il puisse être mal interprété, ce geste signifie que la femme est intéressée, utilisant son épaule, qui est une extension de la

rondeur d'un sein, comme un objet de dissimulation pour flirter avec l'homme.

7. Le déhanchement : c'est probablement le geste de séduction féminine le plus répandu. En se déhanchant, la femme montre sa vigueur sexuelle et fait étalage de sa richesse, sans rien dire. Se déhancher sur un homme assis est une sorte de marque faite sur lui pour indiquer qu'elle est prête à lui faire la cour.

8. Inclinaison du bassin : c'est un autre signe qu'une femme est dans la force de l'âge pour ce qui est de la reproduction. La forme de sablier et la taille de guêpe sont une indication de la santé et de la fertilité d'une femme. Le balancement des hanches accentue ces traits sexuels de la féminité afin d'attirer l'attention d'un homme.

9. Serrer les jambes l'une contre l'autre : le geste immortalisé dans le film "Bas instincts", où Sharon Stone croise les jambes, est l'un des moyens classiques de montrer l'intérêt sexuel d'une femme. Les jambes sont un point d'attention sur lequel le regard des hommes a tendance à se focaliser lorsqu'il s'agit de séduire. En croisant les jambes et en les serrant l'une contre l'autre, les muscles paraissent plus volumineux et plus toniques, ce qui attire l'attention d'un homme.

10. Le balancement de la chaussure : certaines femmes enlèvent souvent leur chaussure et jouent avec tout en regardant l'homme. Il s'agit d'une projection phallique de la chaussure qui prend la

forme de l'organe sexuel féminin, tandis que l'orteil est le phallus masculin qui peut entrer et sortir, ce qui constitue une analogie clairement sexuelle.

Un pourcentage élevé de flirts est initié par les femmes avec le jeu du contact visuel.

C- La communication non verbale, un allié puissant pour réussir ses relations

Cependant, la communication non verbale ne se limite pas à la sphère sexuelle. Notre corps s'exprime silencieusement dans de nombreux aspects de notre vie, y compris ceux liés aux relations. En tant qu'espèce grégaire, l'*Homo sapiens* a besoin d'interagir et de se rassembler en groupes pour survivre. Chacun de nos mouvements et de nos gestes est une sorte de panneau indicateur qui s'adresse silencieusement aux autres, leur indiquant si nous ressentons de l'anxiété, de la frustration, de l'agacement, de l'attirance, de l'irritation et toute une série d'émotions humaines.

Lors d'une réunion sociale, d'un symposium, d'une interview, d'une conférence de presse ou simplement lorsqu'on rencontre une personne dans un certain espace, que ce soit dans une rue animée ou à l'intérieur d'une maison ou d'un bureau, ses gestes, sa façon de parler, mais surtout sa façon de se déplacer et de communiquer avec son langage corporel, nous en disent beaucoup sur cette personne.

Pour réussir les relations que nous établissons avec les autres, nous devons passer au crible d'un langage corporel correct. On pourrait dire qu'il existe une sorte d'étiquette concernant le langage corporel, que le cerveau a déterminé comme étant idéal pour l'interaction sociale. Bien qu'il s'agisse d'une partie très importante du corps, puisqu'elle nous permet de réaliser des actions essentielles telles que marcher, courir, danser et pratiquer d'innombrables sports, les pieds ne reçoivent pas l'attention qu'ils méritent en tant que lettre d'introduction dans la société.

Les experts en interprétation du langage corporel, comme l'ancien agent du FBI Joe Navarro, soulignent l'importance du bas du corps, des jambes et des pieds, qui nous renseignent sur les véritables intentions d'un suspect. Bien que les expressions du visage, les mouvements des bras et les expressions des mains puissent dire une chose, c'est ce qui est caché sous la surface, dans le langage des pieds, qui nous dit vraiment ce qui est vrai et ce qui ne l'est pas.

Ce fait est mis en évidence lors des discours publics de personnalités telles que des politiciens ou des célébrités. Bien qu'ils fassent preuve d'une maîtrise de soi, d'un sérieux et d'un calme absolus dans l'expression corporelle de la partie supérieure du tronc et de la tête, c'est dans les jambes et les pieds que se manifeste toute la charge de la nervosité, comme si l'on se trouvait sous les eaux d'un lac calme alors que la tempête fait rage.

En général, les jambes et les pieds sont les parties du corps qui ne sont pas habituellement montrées lors d'un événement public. Cette sécurité supposée de rester caché, fait que l'inconscient projette à travers des postures pleines de nervosité comme secouer les pieds, les tambouriner sur le sol, bouger les jambes en les croisant, les ouvrir et les fermer comme s'il s'agissait de ciseaux. C'est la projection psychologique d'une grande insécurité, de l'anxiété, de la nervosité et de la peur.

L'explication biologique de ce geste est très simple. À l'époque difficile où nos ancêtres étaient entourés d'une série de dangers qui les assaillaient dès qu'ils sortaient de leur grotte, les pieds et les jambes se sont spécialisés pour devenir des instruments de survie. Au milieu de la nuit ou en marchant dans une jungle ou une forêt luxuriante, nos ancêtres s'arrêtaient au moindre bruit. À ce moment précis, le cerveau envoyait aux membres inférieurs une alerte : arrêtez-vous, écoutez et préparez-vous à fuir ou à combattre.

C'est pour cette raison que lorsque nous sommes dans un moment de grande nervosité, alors que nos bras sont croisés et que notre respiration est agitée, nos membres inférieurs s'entrelacent, bougeant et montrant un grand malaise dans notre état d'esprit. Il est notoire d'observer ce comportement lorsque nous nous arrêtons pour regarder une personne en état de tension, lorsque nous attendons dans un cabinet médical ou lorsque nous attendons l'arrivée de cette personne spéciale pour le dernier rendez-vous : le comportement typique du lion en cage, qui parcourt le même espace ou croise et décroise les jambes à plusieurs reprises.

Les formations militaires ou de grands groupes mettent l'accent sur cet aspect de l'uniformité des membres du corps. La première chose qu'un soldat ou un cadet apprend en entrant à l'académie, c'est à se tenir en ligne, les talons joints, la tête droite tournée vers l'avant et les bras le long du corps. La maîtrise du corps est un symbole puissant qui montre que l'esprit est mis au service du corps et non l'inverse.

C'est également une position très soumise, car le centre de gravité du corps n'est pas équilibré face à une agression, de sorte qu'il n'y a guère de possibilité de réagir. Cette posture est adoptée par les intendants et les membres de la cour lors de cérémonies royales telles que le couronnement ou l'intronisation d'un monarque. Le respect et la soumission sont manifestés en se tenant droit, les bras le long du corps, de manière à pouvoir s'incliner légèrement au passage du chef suprême.

Ainsi, en adoptant cette posture avec les pieds rapprochés et les talons pressés, nous démontrons inconsciemment que la présence de l'autre personne mérite notre respect total des règles sociales établies.

Lors des cérémonies de couronnement, les assistants se tiennent dans une position respectueuse, les pieds joints en signe de soumission.
Couronnement de la reine Victoria d'Angleterre en 1837.

En revanche, la position des jambes légèrement écartées, également connue sous le nom de VASE (Vertical, Ouvert, Symétrique, Stable) est une démonstration corporelle de puissance, de sécurité et de confiance en soi. C'est la posture généralement adoptée par les cow-boys dans les films western pour démontrer leur virilité, leur force et leur esprit de décision.

Cette position ouverte en pince que prennent les jambes témoigne d'une grande confiance en soi. De même, la poitrine est souvent avancée et le dos rentré, ce qui permet de prendre de la hauteur ; le menton est avancé et le front est relevé. La position des mains et des bras peut être recroquevillée au-dessus de la taille, ce qui témoigne d'une grande virilité. En outre, la poussée du bassin vers l'avant est une démonstration non subtile des organes génitaux pour accentuer la décision effrontée.

Si nous regardons en détail les films classiques, où le héros est le mâle dominant, nous remarquons qu'ils répètent tous cette même posture VASE pour souligner leur statut de mâle alpha. L'archétype cinématographique est le style de marche de John Wayne ou la posture typique de Steve McQueen ou de James Dean, avec ses jambes écartées pour projeter son espace corporel, qui semble crier sur les toits :

"Me voici, venez me chercher si vous en avez le courage".

De même, dans les statues ou les peintures de grands conquérants, de héros et de révolutionnaires, il est courant de remarquer la position adoptée par les jambes et les pieds, qui font manifestement un grand pas pour couvrir un plus grand espace de vie.

Cette position est un geste de défi et de rébellion. Elle peut être choquante ou agressive pour quelqu'un si elle est adoptée lors d'un entretien ou lorsque nous sommes présentés à une personne avec laquelle nous voulons négocier. C'est un mode de langage corporel clairement agressif et dominant. Il est donc toujours bon de garder un équilibre lorsque l'on interagit avec une personne que l'on vient de rencontrer et d'éviter ces gestes corporels.

La façon dont nous marchons en dit long sur ce que nous ressentons et sur ce que nous projetons dans l'esprit des autres. Les primates marchent souvent le dos voûté et les bras ballants le long du corps, mais lorsqu'ils perçoivent un danger pour le groupe, le mâle alpha est le premier à se redresser. Il bombe le torse, aiguise son regard, projette son corps avec la poitrine en avant et lève les bras au-dessus de la tête pour se donner l'air beaucoup plus grand.

La façon dont nous nous déplaçons pour marcher peut en dire long sur nous. Lorsque nous marchons, nous projetons et montrons si nous sommes attentifs à ce qui se passe autour de nous et si notre état d'esprit est optimal ; la santé et l'énergie sont également projetées de cette manière : marcher maladroitement est la preuve d'un défaut ou d'une maladie quelconque. Si vous marchez d'une manière languissante, sans énergie, en traînant les pieds de façon grotesque, c'est un indicateur clair de dédain, de paresse, d'ennui et d'apathie.

Le rythme marqué, qui fait souvent souffrir les recrues dans l'armée, dénote l'attention, la force, la détermination et l'énergie. Marcher avec les bras et les jambes au pas est un signe de vitalité et de volonté. En revanche, marcher d'une démarche chaotique, avec les bras à un rythme et les jambes à un autre, est un signe de problème moteur, de lassitude et de découragement.

La démarche hautaine, déterminée et arrogante d'un général, d'un roi ou d'un sportif lors d'un événement sportif, la tête haute, la poitrine en avant, tout en regardant de temps en temps les autres par-dessus son épaule, est un geste d'arrogance et de suffisance :

Le corps semble crier sur les toits : "Je suis au-dessus de vous tous".

En revanche, la marche à grandes enjambées, à grandes foulées et d'une manière ferme, presque au trot, indique la hâte, l'intérêt d'atteindre un lieu ou l'inconfort. Elle s'apparente à l'allure utilisée par les marcheurs dans les compétitions, où le seuil entre la course et la marche se dilue dans ce pas marqué, physiquement exigeant.

Marcher lentement, lentement et sensuellement, comme le font les chanteurs, les mannequins et les reines de beauté sur les longs podiums, est une projection de la sensualité corporelle. Pour les femmes, montrer le bassin et se déhancher est un facteur de persuasion et de flirt. C'est une façon de flirter par le langage non verbal du corps. Des hanches larges et des fesses voluptueuses sont, dans la société occidentale, des indicateurs de vitalité, de jeunesse et surtout de santé. Une femme au zénith de sa fertilité et de sa beauté exhibe son corps de cette manière claire et directe.

Marilyn Monroe, dans le film "Les hommes préfèrent les blondes", est l'archétype parfait de la sensualité exprimée par le langage corporel. L'entourage des hommes qui la poursuivent comme des mouches chassent le miel est un symbole éloquent du pouvoir que le sexe exerce sur l'*Homo sapiens* et du fait que tout homme est capable de perdre la tête pour une femme qui l'attire.

CHAPITRE 7 : JOUER AVEC LE MIROIR

A- Le miroir et le selfie : techniques de mise en valeur et de persuasion par le corps

Depuis l'Antiquité, l'homme a toujours voulu se voir dans son propre reflet. Les miroirs sont l'un des instruments les plus anciens de la mémoire vivante. Dans la mythologie grecque, le mythe de Narcisse, l'un des plus populaires, représente la vanité et la fascination produites par cet objet qui reflète tout ce qui est placé devant lui.

Le vaniteux Narcisse avait l'habitude de se voir reflété dans les miroirs d'eau, s'admirant à tel point qu'il était fasciné par sa propre image. Le plaisir qu'il prenait à se voir reflété, ainsi que l'amour démesuré qu'il se portait, conduisirent Narcisse à s'enfoncer dans son propre reflet jusqu'à se noyer dans l'eau. En souvenir de cette histoire, un type de fleur de narcisse a été nommé d'après le héros du mythe tragique grec.

Dès l'âge du bronze, avec le développement des outils de labour et des armes, l'homme a découvert que son image se reflétait plus ou moins fidèlement à la surface des métaux.

Des milliers d'années après la découverte des miroirs par le génie humain, la reproduction de sa propre image sur un support externe a franchi une nouvelle étape avec l'invention des appareils photographiques. Aujourd'hui, pratiquement tous les habitants de la planète possèdent un appareil capable de lire des vidéos et de prendre des photos. Notre époque est marquée par le narcissisme des selfies et des reproductions vidéo où l'on se voit sans difficulté.

Cette tendance a conduit de plus en plus de personnes à tomber dans le piège narcissique des réseaux sociaux, où il y a une abondance de poses pour presque tout. Les photographies et les vidéos ne sont pas l'apanage des êtres humains : nourriture, objets, bijoux, voitures, paysages, animaux, sont reproduits par des images multimédias à chaque seconde dans une partie du monde.

Les selfies sont devenus un phénomène viral. Prendre un selfie avec un téléphone portable ou s'enregistrer pour que les autres nous valident en réagissant ou en commentant un post sur les réseaux sociaux est une conséquence de la société technologique dans laquelle nous vivons.

Bien qu'il présente un certain nombre de caractéristiques dérangeantes qui peuvent tourner à l'obsession, les avantages du selfie pour l'étude du langage corporel en font un outil précieux pour la compréhension du langage corporel.

Malgré les grandes différences culturelles que l'on peut observer à travers le monde, pour toute personne ayant accès à la technologie, se voir reproduit en image ou en vidéo génère une fascination que l'on pourrait comparer à celle produite par un acte de magie.

L'analyse du comportement humain et des différentes postures et mouvements que nous effectuons inconsciemment dans notre vie quotidienne est mise en évidence grâce aux progrès de la technologie. Les caméras enregistrent chacun de nos mouvements dans les endroits les plus improbables : voitures, motos, vélos, bureaux, hôpitaux, centres commerciaux, universités, écoles, églises, parcs, et même lorsque nous marchons dans les rues des grandes villes du monde, nous n'avons pas conscience d'être filmés. Cela a été d'une grande utilité pour les spécialistes du comportement humain. Les parallèles entre les grands primates et les êtres humains sont mis en évidence par les enregistrements cinématographiques qui démontrent que nous continuons à entretenir des liens étroits avec ces animaux fascinants.

Le premier geste d'un primate ou d'un bébé humain lorsqu'il voit son image reflétée sur un écran est un geste de fascination. Toucher l'écran est une façon d'accréditer ce que les yeux voient ; puis l'exploration du prodigieux instrument avec les doigts est la façon dont le cerveau explique le phénomène de la capture de sa propre image.

Contrairement à la versatilité de l'objectif d'un appareil photo, le miroir est immobile, il reste fixé à un endroit, reflétant tout ce qui passe devant lui. La contemplation de soi pendant des heures devant le miroir prend beaucoup de temps dans la société contemporaine ; il est même devenu courant d'enregistrer son propre reflet dans le miroir, comme une sorte de piège à vanité ou de *mise en abyme,* dans lequel sa propre image tombe dans le puits de Narcisse.

Pour les acteurs, l'utilisation du miroir et de la caméra sont des outils essentiels pour pouvoir analyser la façon dont le personnage qu'ils interprètent prend forme. Les mouvements, les gestes et la façon dont le corps transmet une émotion sont projetés encore et encore jusqu'à ce que l'art de l'interprète atteigne la perfection. L'une des scènes les plus célèbres se déroulant devant le miroir est celle du film Taxi Driver (1976) de Martin Scorsese, où un chauffeur de taxi dérangé, interprété par Robert de Niro, se livre à un monologue délirant devant le miroir, se demandant à plusieurs reprises : "C'est à moi que tu parles ?

B- Persuader en utilisant le miroir ou le selfie

Le miroir ou le selfie reflète tout ce que nous sommes et ce que les autres perçoivent de nous. Dans le monde d'aujourd'hui, où une vie sociale active et réussie est si importante, il est très utile d'apprendre des techniques pour être beaucoup plus persuasif en utilisant à la fois un simple miroir et l'appareil photo de votre téléphone. Voyons une série d'astuces et de techniques pour être plus persuasif avec notre langage corporel.

1- Évitez tout ce qui cache le visage

Nous devons garder à l'esprit que le visage est l'élément le plus important lorsque nous prenons un selfie. Bien que, dans un contexte général, tout soit important, de l'arrière-plan que nous choisissons à l'angle et à la quantité de lumière dans l'exposition, le visage est le centre de l'image.

C'est ce que nous projetons, à la manière d'une lettre de motivation sociale.

Quelle est la meilleure façon de prendre un selfie sans se tromper et de projeter une image positive et affirmée ?

Tout d'abord, faites la mise au point du téléphone en orientant la caméra arrière vers votre visage. L'image sur l'écran du téléphone sera alors visible dans le miroir. Si des cheveux couvrent le visage, un chapeau ou tout autre objet, nous devons nous demander s'il est idéal de prendre une image qui couvre notre visage. Afin de ne pas s'occuper du téléphone et d'être attentif à l'image que l'on projette, il convient d'activer la fonction minuterie de l'appareil photo ; le temps idéal pour pouvoir prendre l'angle parfait est un temps compris entre 2 et 3 secondes ; il est conseillé d'utiliser la fonction gestuelle pour prendre la photo, car elle permet de se concentrer sur la posture correcte.

L'adoption de cette méthode présente deux grands avantages. Premièrement, il s'agit d'une méthode unique et personnalisée ; prendre un selfie en utilisant cette technique offre un style unique qui fera ressortir votre photo parmi les milliers d'autres selfies pris au moment même où vous la prenez. Deuxièmement, elle vous permet de vérifier votre apparence encore et encore lorsque vous n'êtes pas satisfait de la prise de vue, jusqu'à ce que vous trouviez le cliché parfait. En ayant suffisamment de temps pour se concentrer sur la tenue de la pose, on gagne du temps pour prendre un selfie parfait.

L'utilisation de cadres de référence permet d'aligner notre image, ce qui confère une plus grande symétrie à la photographie, en évitant les gestes et les postures tels que la tête penchée, le corps incliné ou le bassin projeté, qui peuvent donner une sensation inélégante à ceux qui vont voir le selfie pour la première fois.

L'utilisation des fonctions gestuelles automatiques et des cadres pour orienter le visage nous aident à prendre le selfie parfait.

C- L'appareil photo à miroir

Le selfie miroir, qui est devenu populaire ces dernières années, est le meilleur moyen d'obtenir des photos complexes du corps, car de nombreux appareils photo ont une faible résolution sur la caméra frontale qui prend le selfie. La haute résolution, ou mode HD, permet d'obtenir une meilleure qualité d'image.

Comme notre posture traduit toujours une humeur ou une attitude, il est important de toujours projeter de l'assurance.

Comme nous l'avons dit dans les chapitres précédents, un dos droit est synonyme d'assurance ; au contraire, courber le dos est un signe d'introversion, de timidité, de manque d'estime de soi et de complexes. De même, une posture insinuante ou susceptible d'être mal interprétée est déconseillée : rester parallèle à un axe imaginaire, une ligne centrale qui structure l'image, est la manière idéale de laisser une bonne impression lors de la prise d'un selfie.

Nous devons utiliser l'appareil photo à notre avantage pour faire bonne impression : il n'y aura pas d'autre occasion de le faire, une fois que tout le monde aura vu le malheureux selfie. La posture corporelle, ainsi que les expressions faciales et les gestes, nous aident à communiquer une image positive : sourire, tenir les mains sur le côté ou derrière le dos sont des façons de montrer de la soumission, de l'empathie ou de l'ouverture aux autres ; en revanche, avoir les jambes ou les bras croisés, froncer les sourcils ou rabattre les coins de la bouche est comme un grand "X" ou un pouce vers le bas dans l'esprit de ceux qui regardent votre photo : rappelez-vous qu'il n'y a pas de retour en arrière possible une fois que vous avez laissé une impression négative sur les autres.

1- Gestes positifs

Garder le dos droit : projette la sécurité, la confiance en soi, l'optimisme, l'esprit de décision et l'ouverture aux autres.

Les épaules sont droites : elles sont alignées avec le dos, créant un angle similaire à un T inversé. C'est une posture d'attention, d'énergie, de vitalité, d'optimisme et d'attitude déterminée et proactive vis-à-vis des autres.

Expression faciale franche : nos gestes doivent être neutres. Un sourire légèrement esquissé peut être une signature d'empathie. En revanche, si nous voulons transmettre une attitude ouverte et positive, notre regard doit être fixe et nos sourcils doivent être neutres, c'est-à-dire qu'ils doivent rester symétriques et parallèles : ils ne doivent pas suggérer un geste de pitié ou de sarcasme en étant relevés ou en se fronçant, exprimant ainsi la colère ou la contrariété.

Les bras ouverts : les bras sont une projection de notre espace corporel immédiat. Lorsqu'ils sont étendus, les paumes tournées vers l'avant, ils servent à marquer la distance ou à écarter une menace ; lorsqu'ils sont croisés, ils symbolisent une clôture qui limite notre espace intime. Il est important de toujours faire attention aux gestes que nous faisons avec nos bras, car le cerveau des autres est inconsciemment perceptif de cette gestuelle éloquente de notre langage corporel.

Les émotions que nous communiquons avec notre langage corporel dans un selfie sont instinctivement perçues par le cerveau de ceux qui regardent l'image.

2- Gestes négatifs

Épaules chargées : lorsque nos épaules sont affaissées, comme si elles portaient une charge, elles génèrent un sentiment de malaise et d'inconfort chez les autres. Ce n'est pas un signal corporel positif.

Le froncement de sourcils : ce geste est un indicateur universel d'apathie, de mécontentement ou de mauvaise humeur. Le fait de froncer les sourcils pendant un selfie projette un sentiment de rejet et d'opposition dans le cerveau des autres. Le froncement de sourcils est un indicateur instinctif que quelqu'un est sur le point d'entamer une dispute ou une confrontation.

Bras et jambes croisés : le seul outil naturel de projection de notre corps, ce sont nos membres. Lorsque quelqu'un a les bras croisés, il dit qu'il ne veut pas que vous vous approchiez, que notre espace intime est restreint ; de la même manière, garder les jambes croisées sur une photo ou un selfie montre que nous enfermons ou limitons la proximité des gens.

Menton levé et projeté vers l'avant : c'est une façon de communiquer corporellement un défi ou une défiance. Il s'agit d'un geste de bravade typique des mâles alpha, des gangsters, des criminels et des hommes au caractère bien trempé.

Le regard : pour de nombreuses espèces animales, le regard est un moyen de défier les autres ou de ne pas leur céder. Lorsque deux loups se regardent fixement en montrant les dents, c'est un signe de conflit. De la même manière, le fait de fixer l'appareil photo est un défi lancé à l'observateur. C'est une façon de dire avec les yeux : "Qu'est-ce que tu regardes ?

Cacher ses mains : essayer de garder ses mains hors du champ de la caméra, ou les cacher délibérément, est un signe que l'on veut cacher quelque chose. C'est un geste qui suscite la méfiance des autres - qu'essaie-t-il de cacher, pourquoi ne montre-t-il pas ses mains, est la première chose que l'on pense en voyant l'image.

D- L'importance du langage corporel dans la prise de parole en public

L'un des secrets les mieux gardés des conseillers en image des hommes politiques du monde entier est lié à ce que leur langage corporel dit d'eux. Les attitudes et les gestes inconscients sont souvent révélés au grand jour, en particulier lorsqu'une personne se sent le plus vulnérable. Ce phénomène est particulièrement évident lors des débats qui précèdent une élection présidentielle.

Les audiences télévisées et les médias sociaux explosent lorsqu'un grand débat précède le dernier tour des élections dans le pays le plus puissant du monde. Les conseillers en image du monde entier en prennent note afin de ne pas commettre les mêmes erreurs que les hommes politiques aspirant à la fonction la plus puissante de la planète.

Lorsque nous parlons devant un public, notre cerveau sait qu'il est vu sous tous les angles possibles. Cela provoque une tension psychologique qui nous pousse à projeter sur notre corps différents gestes qui expriment que nous nous sentons vulnérables. Chaque geste, ajouté aux autres, forme une série de puzzles, qui ont une sémiotique particulière en matière de langage corporel.

Il est essentiel d'impressionner par son langage corporel pour obtenir des résultats optimaux lors d'une prise de parole en public. Les premières secondes qui suivent notre apparition sur scène sont cruciales pour gagner la faveur des gens et capter leur attention. Outre notre tenue vestimentaire, la couleur et le design de notre costume, notre façon de parler, le ton et la modulation de notre voix, notre apparence physique et notre langage corporel contribuent largement à ce que l'on appelle la présence sur scène.

Les grands acteurs sont confrontés quotidiennement au conflit psychologique que représente le fait d'être face à un public. Ils sont aussi souvent passés maîtres dans l'art de faire une entrée triomphale sur scène. Ils font sentir leur présence par leur voix ou attirent l'attention sur eux par tous les moyens. L'un des plus grands acteurs du XXe siècle, Marlon Brando, lors du tournage du Parrain de Francis Ford Coppola en 1972, s'est montré méprisant, arrogant et mégalomane, comme il l'a toujours été avec la plupart de ses partenaires de tournage.

Malgré son grand talent, Marlon Brando souffrait d'un ego assez fragile et se cachait derrière le masque d'un artiste provocateur et hautain. Quelle était la technique de Marlon ? Bien qu'il connaisse le roman de Mario Puzzo, Le Parrain, et qu'il ait étudié minutieusement le scénario, il n'était pas très doué pour mémoriser les répliques. Pour les dire, il faisait placer sur les plateaux de tournage des cartes avec ses répliques que les acteurs devaient lui donner pour que Brando puisse les voir et répéter son rôle.

Pour la mythique première scène du Parrain, afin de régler la question de ses frictions avec l'équipe, les acteurs et le réalisateur, Brando s'est appuyé sur son imposante présence scénique pour dominer le plan. Il devait donner l'impression d'un homme âgé qui se rendait vulnérable, même s'il détenait un grand pouvoir entre ses mains. Il accordait sa voix et portait des segments orange qu'il plaçait entre les lèvres de sa lèvre inférieure.

C'est à ce moment-là qu'il a pris les rênes du personnage grâce à ses grandes capacités d'improvisation. Bien qu'il s'agisse d'un monologue dans lequel la voix de Brando est à peine audible dans le rôle de Vito Corleone, le patriarche de la famille de gangsters italiens aux États-Unis, tout le poids de la scène repose sur Marlon Brando. Cette grande assurance scénique s'est transmise, en grand artiste qu'il était, au reste de l'équipe, qui s'est sentie soutenue par cet immense talent d'acteur.

De la même manière qu'un grand acteur monte sur scène ou qu'un homme politique fait face à la scène lors d'un grand rassemblement politique, lorsqu'on s'adresse à un public, il est important d'avoir un contrôle absolu du regard. Balayer toute la scène du regard comme s'il s'agissait d'une caméra, sans s'arrêter sur un point particulier, est une façon inconsciente de montrer sa domination et sa confiance. Les gestes nerveux, comme le mouvement des pieds ou la dissimulation des mains, doivent être écartés de l'esprit à ce moment précis.

Il existe un certain nombre de gestes à proscrire lors d'une allocution, d'une interview, d'un discours ou d'une conférence publique. Ils indiquent que nous sommes dans un état de panique à ce moment-là, que nous sommes submergés par le flot d'émotions qui nous envahit.

1- Expressions faciales interdites

- Les narines s'agitent de façon répétitive et nerveuse : cela signifie qu'il y a beaucoup d'anxiété.
- Respiration agitée : rapide et sifflante, cela signifie que nous sommes contrariés.

- Bouger les yeux : la bouche ou se mordre les lèvres témoigne d'un manque de maîtrise de soi et d'une nature psychologique nerveuse.

- Peau rougie ou en sueur : cela signifie que nous sommes dans un état altéré, sans contrôle de nos émotions.

- Les froncements de sourcils : cela signifie que nous sommes contrariés, en colère ou agités. Cela projette une nature colérique et peu rationnelle.

- Courbe des lèvres vers le bas : cela signifie que nous sommes pessimistes, peu sûrs de nous et que nous manquons de confiance en nous. Nature émotive, incontrôlée, anxieuse ou faible.

- Le regard : c'est un défi, un défi direct et clair. C'est une invitation à la confrontation, qu'elle soit dialectique, verbale ou même physique. Il est important de ne pas soutenir le regard, c'est-à-dire de ne pas établir un contact visuel trop franc et direct, car nous pouvons être pris pour des personnes conflictuelles et peu ouvertes au débat.

- Transpiration excessive : reflète une nature désireuse et des humeurs incapables d'attendre. Troubles anxieux.

- Le cou rentré : signifie que nous essayons de cacher notre bouche pour ne pas participer. Lâcheté. Manque d'initiative. Malhonnêteté. Projection d'un manque de confiance en soi.

Tous ces gestes ou comportements négatifs nous ferment aux autres. Ils signifient que nous ne sommes pas préparés mentalement ou intellectuellement. Nous sommes immatures. Nous ne savons pas gérer les relations sociales. Nous pouvons donner une impression d'infantilisme, de manque de sérieux. Pour le cerveau de ceux qui nous observent, cette série de gestes est un signe de peu de crédibilité.

En bref, lorsque nous envoyons ces signaux par le biais de notre langage corporel à un public, un groupe ou une collectivité, nous leur claquons la porte au nez. Ce sont des gestes de manque de prudence sociale, de manque d'éducation, de manque de structure mentale et intellectuelle. Il est certain que la grande majorité des participants quitteront l'endroit ou resteront, mais ils ne prêteront pas attention à ce que nous avons à leur dire parce que nous avons rompu le pacte tacite d'une communication claire et fiable par un langage corporel assertif.

E- Tromperie et gestes corporels

Nous entrons maintenant dans deux chapitres importants de la pratique du langage corporel. Il s'agit de la détection de la tromperie par les gestes du langage corporel. La tromperie est une stratégie biologique qui nous permet d'obtenir quelque chose par la persuasion. Plus nous sommes capables de convaincre l'autre personne de quelque chose, plus il sera facile de la tromper. Bien que cela puisse paraître simple, la persuasion pour atteindre l'objectif final de la tromperie est quelque chose qui, en exagérant un peu, pourrait être comparé à un art.

Dans la nature, certaines espèces sont expertes dans l'art de la tromperie. Des reptiles comme le caméléon ont réussi à devenir synonymes de ruse lorsqu'il s'agit de se fondre dans leur environnement pour tromper leurs prédateurs. Des cellules spécialisées de sa peau permettent à ce reptile de prendre la même teinte que la surface sur laquelle il se trouve. Les pieuvres se fondent aussi souvent dans le décor ou prennent la forme d'animaux marins pour tromper les prédateurs, gagnant ainsi la partie par la ruse.

Dans le cas des humains, les stratégies de tromperie, bien que moins spectaculaires, peuvent être assez impressionnantes. Différentes attitudes peuvent être simulées par le biais de notre langage corporel en utilisant des techniques :

1- Respirez profondément

Respirer profondément est un moyen de garder le contrôle en activant tout le système parasympathique et en oxygénant le cerveau, ce qui nous permet de mieux contrôler nos pensées, mais surtout notre langage corporel. Lorsque nous sommes dans une situation de stress, notre cœur a tendance à battre plus vite, ce qui rend notre respiration plus saccadée. En prenant une inspiration et en la retenant, les battements du cœur ralentissent, ce qui produit un état de relaxation totale. C'est l'un des moyens les plus courants utilisés par les grands menteurs pour tromper les autres en contrôlant leur respiration.

2- Détendre les muscles du visage

L'un des symptômes les plus évidents du stress est la contraction des muscles du visage. Lorsque l'on observe des personnes soumises à une forte pression, on constate que la plupart d'entre elles contractent les muscles de leur visage, froncent les sourcils et plissent les paupières. Pour commencer à se contrôler, l'une des techniques les plus courantes consiste à détendre les muscles du visage. Il s'agit d'une expression courante chez les flambeurs, le "poker face", car ces joueurs contrôlent souvent leur langage corporel à tel point qu'ils conservent une expression de statue pendant le jeu, afin de ne pas donner à leurs adversaires l'impression qu'ils ont un atout dans leur manche ou, au contraire, qu'ils sont en train de se faire rouler dans la farine.

3- Garder les sourcils sans expression

Le mouvement des sourcils est une façon de s'exprimer avec éloquence, sans prononcer un seul mot. Au cours d'un événement social, il est courant de voir les sourcils des gens se lever lorsque quelqu'un commet une sorte de débordement, par exemple, un épisode embarrassant d'un invité trop ivre pour se contrôler ou quelqu'un qui renverse son verre de vin sur le costume de quelqu'un d'autre. Ainsi, lorsqu'il s'agit de tromperie, il est essentiel d'observer les sourcils de la personne que vous soupçonnez d'essayer de garder le contrôle.

4- Sourires forcés

La plupart d'entre nous ont déjà été impliqués dans un incident embarrassant lors d'une réunion ou d'un événement. Pour s'en sortir, un grand nombre de personnes évitent la confrontation avec une personne qu'elles n'aiment pas. L'atout est le fameux faux sourire. Relever les coins de la bouche et plisser les yeux est une manière diplomatique d'exprimer son intention de se tirer d'affaire le plus rapidement possible, en sortant le corps de la confrontation directe avec cette personne que l'on ne digère pas.

5- Tenir la tête dans les mains

L'image du penseur de Rodin, la statue qui tient sa tête dans son poing, est devenue un symbole de réflexion, mais aussi d'égocentrisme, de tristesse et d'anéantissement psychologique. Le fait de tenir la tête dans ses deux mains peut être le signe d'un trouble intérieur, d'une profonde tristesse et d'une dépression. Il n'est pas nécessaire d'avoir de grandes connaissances en psychologie pour comprendre qu'une personne dans cette posture traverse une mauvaise passe.

Se tenir la tête dans les mains est un geste corporel qui signifie le repli sur soi, la désolation, la fuite en avant.
En général, cela signifie que la personne traverse un moment de crise et cherche une issue à sa situation.

6- Mouvements exagérés des mains à titre d'illustration

En général, les gestes du corps manifestent la tromperie au moyen d'une série d'illustrateurs, qui sont des mouvements destinés, comme leur nom l'indique, à nous illustrer quelque chose. Il est naturel de bouger les mains en parlant. Cependant, lorsque ce mouvement d'illustration est trop évident, il est clair que l'on cherche à convaincre ou à donner une apparence d'emphase au discours. En analysant des discours, des conférences, des interviews ou des conférences de presse, on peut observer que les mouvements exagérés des mains à des fins d'illustration sont plus fréquents chez les personnes qui mentent ou tentent de tromper que chez celles qui ne mentent pas.

7- Essayez de protéger la poitrine ou la tête avec les bras :

Un geste inconscient lorsque quelqu'un essaie de nous cacher quelque chose verbalement, il le fait aussi à travers ses membres, en particulier ses bras. Essayer de garder la poitrine cachée est une façon non verbale de prendre soin de sa propre peau. De même, essayer de les tirer en arrière ou de les laisser tomber pour avoir l'air impuissant illustre graphiquement la vulnérabilité que l'on tente de disperser par un discours trompeur. Lorsque quelqu'un essaie de maintenir une tromperie, nous devrions observer ses bras de près, pour voir comment ils bougent.

8- Torsion des sourcils ou tension exagérée des sourcils

Les gestes effectués par les sourcils, comme les arquer sous l'effet de la tension, signifient que nous sommes perplexes face à quelque chose qui nous a surpris de manière négative. Si ce geste est accompagné d'autres, comme une tension évidente dans l'expression du visage ou le fait de garder les lèvres trop serrées, il s'agit d'un signe de langage corporel, sans équivoque, d'une grande charge négative.

Arquer les sourcils et baisser la bouche est un signe de perplexité, de prise en flagrant délit ou d'apprentissage d'un fait que l'on ignorait totalement. Ce geste est souvent explicite chez les escrocs ou les fraudeurs lorsqu'un alibi est révélé. Il faut toutefois garder à l'esprit que ces types de personnalités sont généralement très cyniques et ont supprimé les mécanismes de répression ou de honte, de sorte qu'il est difficile de les détecter au premier coup d'œil.

L'asymétrie des sourcils reflète une grande incertitude. Lorsque les sourcils restent à des niveaux différents, c'est-à-dire que le sourcil gauche est arqué vers le haut tandis que l'autre est droit, il s'agit d'un geste indubitable de doute ou d'interrogation intérieure profonde.

9- froncement de sourcils entre les sourcils ou la glabelle

La partie située juste au-dessus des yeux et du nez est le triangle qui englobe les yeux, les sourcils et le front. Si quelqu'un garde la glabelle froncée pendant longtemps lorsqu'il parle ou agit avec ses mains, il est presque certain qu'il y a un conflit ou un problème majeur. De même, lorsque nous confrontons quelqu'un que nous soupçonnons de nous tromper, nous devons observer attentivement sa glabelle.

F- Comment détecter qu'une personne ment ?

Expert en tromperie, il est souvent très doux dans ses gestes et ses paroles pour cacher ses véritables intentions, alors que nous lui avons confié notre confiance sur un plateau d'argent.

Les experts en détection des mensonges par le langage corporel ont souvent besoin de plusieurs années d'expérience pour être capables de dire quand quelqu'un ment de manière flagrante. Malheureusement, la plupart d'entre nous n'ont pas l'occasion d'interroger quotidiennement des criminels sans scrupules pour acquérir cette compétence utile dans la vie sociale. Toutefois, nous pouvons apprendre à lire les gestes et les mouvements classiques pour savoir si quelqu'un nous ment de manière flagrante.

Dans leur vie quotidienne, les gens veulent être assurés qu'il n'y aura pas de changements radicaux ou abrupts dans leur vie. Or, les chocs dans notre vie se produisent souvent précisément lorsqu'ils proviennent des actions de quelqu'un qui nous trompe ou qui a l'intention de nous tromper. Qu'il s'agisse de la décision d'une personne puissante ou d'une personne avec laquelle nous partageons notre travail, nos études ou notre vie intime, les mensonges ont un tel pouvoir destructeur qu'ils sont capables de détruire la vie en quelques secondes.

Combien de personnes ont un jour confié leur argent, leur fortune, leur amour ou leur travail à quelqu'un d'autre en qui elles avaient une confiance aveugle ? Lorsqu'un nouveau patron, qui nous donne un mauvais pressentiment, procède à une série de licenciements massifs et qu'il nous appelle soudain en privé pour nous dire, avec de grandes marques de confiance et en nous parlant presque à l'oreille, comme le ferait un grand ami, qu'il ne faut pas s'inquiéter et que nous continuerons à travailler sans problème, devons-nous le croire ?

Quelque chose au fond de notre cerveau nous dit que ces mots contiennent un voile de tromperie. Nous ne voulons pas en être convaincus, mais quelque chose au fond de nous - que certains appelleraient l'instinct - nous dit que les choses ne vont pas. C'est à ce moment-là que les signes de leur langage corporel doivent nous indiquer si nous devons leur faire confiance ou non.

La façon la plus facile de nous tromper est de faire des gestes inconscients ; cependant, pour détecter qu'il y a effectivement tromperie, il est possible d'analyser en détail le puzzle complexe des gestes humains.

Pour savoir si quelqu'un nous ment ou non, il faut apprendre à le connaître. En sachant comment une personne se comporte, nous savons aussi exactement comment elle est. Malheureusement, nous n'avons pas la possibilité d'apprendre à connaître tout le monde.

Disposer d'un détecteur de mensonges est impossible, mais nous avons la possibilité d'observer les gestes, les expressions faciales, les modes d'élocution, etc.

1- Contact visuel

Contrairement aux idées reçues, une personne qui cherche à nous tromper n'évitera pas toujours le contact visuel avec nous. Au contraire : elle cherchera à établir un contact visuel afin de donner l'impression qu'elle est totalement sincère et qu'elle s'ouvre à nous sans scrupules. Les trompeurs, les manipulateurs, les escrocs et les menteurs compulsifs ont souvent un regard puissant. Leurs victimes rapportent plus tard qu'ils étaient tellement attirants, charismatiques et sympathiques qu'il était impossible de ne pas faire confiance ou de ne pas éprouver de l'empathie pour la personne qui leur a fait tant de mal par la suite.

La technique du regard fixe est utilisée par les acteurs de méthodes, ainsi que par les psychopathes et les personnalités des triades obscures, afin d'intimider leur victime. La plupart des gens n'ont pas l'habitude de fixer leur interlocuteur, car il s'agit d'un moyen de harcèlement par le biais du langage non verbal. De cette manière, la personnalité la plus faible finit par céder au regard de l'escroc, qui, en utilisant d'autres gestes ainsi qu'un barrage de mots flatteurs et élogieux, contrôlera l'esprit de cette personne.

Les yeux ont un grand pouvoir. Les mammifères et les primates, lorsqu'ils se sentent traqués dans la nuit profonde par les regards de prédateurs qui attendent qu'ils baissent leur garde avant d'attaquer, éprouvent une véritable terreur. Il est normal que ces regards nous troublent et que notre cœur batte la chamade dans notre poitrine.

Fixer quelqu'un qui essaie de nous tromper peut aussi le faire céder à ses ambitions, s'il sait que nous serons en mesure de révéler ses plans. La confiance, bien qu'elle soit la plupart du temps une feuille blanche dans les relations personnelles, devient, lorsqu'elle est scellée par la valeur de la vérité, quelque chose qui cimente toutes les institutions que nous connaissons et qui démontre l'éthique et le comportement moral de chaque personne avec laquelle nous sommes en relation.

2- Gestes des lèvres et de la bouche

Lorsque quelqu'un déclare qu'il dit la vérité, nous devons analyser ce qu'il fait avec ses lèvres et sa bouche. L'humidification exagérée des lèvres, les morsures, les rires nerveux ou le pincement alterné des lèvres signifient qu'il n'est pas tout à fait à l'aise avec ce qu'il dit. Se toucher les lèvres, directement avec les doigts, à l'aide d'un mouchoir ou d'une serviette, sont des signes de malaise entre le discours et ce qui se passe dans l'esprit du trompeur à ce moment précis. C'est un champ de bataille dans lequel le trompeur tente de prendre le contrôle de sa victime.

3- Microgestes

Les neurones miroirs dont nous disposons nous permettent de capter les mouvements qui suscitent l'empathie ou le rejet. Lorsqu'il verbalise, le cerveau humain a tendance à répéter et à s'approprier les gestes. Les experts en langage corporel qui travaillent pour les forces de l'ordre aux États-Unis utilisent souvent une histoire pour amener un suspect à montrer des preuves qui les aideront à résoudre une affaire. Cela n'a peut-être pas beaucoup de sens, mais si nous comprenons la fonction des neurones miroirs, cela change totalement la perspective.

La découverte des neurones miroirs s'est faite par hasard, à l'instar des grandes découvertes scientifiques. Alors qu'un chercheur étudiait les impulsions cérébrales d'un primate, il a ramassé un objet et a remarqué que le cerveau du primate émettait une réponse identique, c'est-à-dire comme s'il ramassait lui aussi un objet avec ses mains.

Lorsqu'on raconte une histoire à quelqu'un, cette personne endosse généralement le même rôle que le conteur. C'est pourquoi les enquêteurs, lorsqu'ils veulent trouver un indice, concoctent une histoire hypothétique. En observant les micro-gestes des personnes enquêtées, ils peuvent se rendre compte qu'elles mentaient sur ce qu'elles disaient.

4- Signes d'anxiété et d'agitation

Si une personne craint d'être prise en flagrant délit de mensonge, elle essaiera de faire des mouvements aléatoires ou sans rapport avec le sujet. Par exemple, elle déplacera un objet à portée de main ou se touchera les mains à plusieurs reprises.

5- Mouvements incohérents

Ne pas trouver de cohérence lorsque quelqu'un dit qu'il ne sait pas quelque chose, mais secoue la tête comme s'il était affirmatif, est un geste classique de déconnexion, que les experts en langage corporel considèrent comme un signe indubitable de mensonge.

6- Prendre beaucoup de temps pour affirmer quelque chose

Lorsque quelqu'un cherche à dissimuler la vérité, il évitera à tout prix d'affirmer ses dires lorsqu'il est interrogé à ce sujet. En général, une personne qui évite de dire la vérité refusera de dire la vérité, au point de retarder sa déclaration le plus longtemps possible.

7- Se couvrir la bouche ou essayer de cacher ses yeux

Les personnes qui mentent ont presque toujours tendance à essayer de cacher leur bouche ou leurs yeux avec leurs mains. C'est un geste qui veut empêcher l'interlocuteur de voir les mots ; de la même manière, ils évitent de laisser voir leurs yeux et essaient donc de bloquer le regard inquisiteur en utilisant leurs mains comme un écran.

8- Garder le silence

Ne rien dire pendant longtemps est un signe que la personne ne veut pas verbaliser. Elle ment donc.

9- Modification des points d'ancrage du corps

Dans l'étude de la psychologie, les points d'ancrage font référence aux points de contact par rapport à l'endroit où se trouve une personne. Si une personne est assise, son point d'ancrage par rapport à la chaise est ses pieds sur le sol et dans un angle de quatre-vingt-dix degrés ; si elle est debout ou adossée à un mur, ses points d'ancrage sont ses pieds et ses épaules en contact avec le mur. Dès que cette personne change ou modifie ces points d'ancrage, on peut dire, sans aucun doute, qu'elle ment.

10-Manque de réflexe

Les gens reflètent naturellement le comportement des autres personnes avec lesquelles ils interagissent afin d'établir un rapport et de montrer leur intérêt. Ce phénomène de miroir peut s'atténuer lorsque la personne qui raconte une histoire, par exemple, se concentre sur la création d'une autre réalité pour l'auditeur. Inconsciemment, la personne qui tente de nous tromper se détournera de l'histoire à laquelle nous faisons allusion, prenant ainsi ses distances avec nous et quittant ainsi la situation de manière diplomatique.

11-Détourner le regard

Un autre signe toujours efficace pour détecter la tromperie d'une autre personne est le fait qu'elle regarde ailleurs : si elle regarde par terre ou ailleurs pendant que nous lui parlons, c'est le signe qu'elle ment ou qu'elle n'est pas intéressée par une quelconque interaction avec nous.

CHAPITRE 8 : RESOUDRE LES CONFLITS SANS PARLER

A- Le comportement affirmé du corps

Lorsque le corps parle, il ne fait aucun doute qu'il dit la vérité. L'assurance du langage corporel lui donne un avantage sur le langage verbal. Essayer de s'affirmer demande parfois du travail ; cependant, le langage corporel est beaucoup plus persuasif et moins forcé. L'affirmation de soi par le langage corporel dépend de notre capacité à transmettre confiance et sécurité aux autres, et de leur capacité à répondre positivement à ce type de communication non verbale.

Comme toute compétence, il faut du temps et de la pratique pour y parvenir. Vous ne pouvez pas vous réveiller avec l'expérience, les techniques et les connaissances nécessaires pour savoir comment persuader et maintenir un langage corporel assertif dans les interactions sociales à tout moment.

La structure de l'apprentissage est essentiellement dynamique. Qu'est-ce que cela signifie ? Fondamentalement, il existe un conflit dialectique entre deux facteurs : l'ignorance et la connaissance. L'écart entre les deux constitue un processus rationnel de notre volonté et de notre cognition.

1- Nous ignorons inconsciemment

Cela signifie que la plupart du temps, nous ignorons que nous ne savons pas quelque chose. Il s'agit d'une tautologie qui nous amène à déclarer "je ne sais pas". Avant l'Internet, l'acquisition de connaissances était beaucoup plus complexe qu'aujourd'hui. Il fallait aller dans une bibliothèque et l'explorer jusqu'à découvrir les sujets et les volumes qui les développaient.

Ignorer que l'on est ignorant est un état courant et personne ne pose cette question de manière angoissante. Lorsque vous vous rendez sur un site web ou une chaîne vidéo et que vous vous rendez compte des lacunes que vous aviez sur un certain sujet, dont vous ignoriez être ignorant, il y a un processus qui vous conduit à une deuxième situation difficile.

2- L'ignorance avec une conscience

Sachant que nous avons besoin de combler les lacunes de nos connaissances, nous prenons alors la décision consciente de les combler : "Je ne savais pas que cela existait ; maintenant, je veux en savoir plus". Commence alors un processus qui nous amène à acquérir les éléments nécessaires pour combler ces lacunes intellectuelles : regarder une vidéo, acquérir un livre sur le sujet, suivre un atelier ou un cours, rejoindre un groupe de personnes partageant les mêmes intérêts pour le sujet qui a commencé à nous intéresser, etc.

3- Connaissance et sensibilisation

Lorsque nous commençons à appréhender les connaissances de manière cohérente, nous avons commencé à en acquérir la conscience, à proprement parler. Nous sommes alors en mesure de transmettre ce que nous avons appris jusqu'à présent. Les techniques et pratiques élémentaires de ce savoir peuvent être appliquées peu à peu dans la vie quotidienne.

4- Connaissance sans conscience

C'est la dernière étape. Tout ce que nous avons appris, nous l'assimilons dans notre vie quotidienne. Nous faisons ce que nous avons appris, presque automatiquement. Tout comme nous avons appris à marcher, à faire du vélo, à conduire, à parler, à lire et à écrire dans une langue étrangère, notre esprit s'est modelé à nos nouvelles connaissances.

De la même manière, nous apprenons le langage corporel et ses clés au point de pouvoir gérer notre vie en fonction des connaissances que nous avons acquises. Il sera possible de connaître l'état d'esprit de ceux qui nous entourent, et donc d'apprendre à résoudre et à gérer au mieux les conflits qui surgissent dans la vie quotidienne.

Supposons que nous arrivions à une réunion de travail un lundi sous une pluie battante. Il est huit heures du matin. Dans la salle de réunion, nous scrutons les visages et les physionomies qui s'y trouvent. Certains froncent les sourcils, d'autres ont les bras croisés, d'autres encore ne font attention à rien : ils restent plongés dans l'écran de leur téléphone portable. Que disent ces gestes et ces attitudes à ceux qui sont réunis là, y compris les patrons ? Probablement rien. C'est normal, pensent-ils. Nous sommes lundi, il est huit heures du matin et il pleut des cordes. Mais puisque vous avez des connaissances sur le langage corporel, que pouvez-vous déduire des différentes attitudes que vous voyez se refléter dans le langage corporel de vos collègues ? Ils ne veulent rien savoir de leur environnement. Ils sont apathiques. Quels que soient les mots prononcés au cours de cette réunion, ils n'auront certainement pas le moindre impact sur eux, car ils sont complètement déconnectés de leur environnement.

Certains cadres supérieurs préfèrent rencontrer le groupe ailleurs que dans un bureau gris et hostile :

C'est toujours le même lundi matin pluvieux. Cependant, la réunion ne se tient pas au bureau, mais le personnel a été convoqué dans un hôtel luxueux. Tout le monde arrive radieux, élégant. Les visages sont attentifs et dans l'expectative. Que va-t-il se passer ? Que va nous dire le patron dans un lieu aussi somptueux que cet hôtel ? Tous les regards sont fixés sur la magnificence des lieux. Tout le monde semble ébloui. Lorsque le dirigeant arrive, tout le monde est attentif à son expression et à chacune de ses paroles. On voit les mains posées sur la table, les doigts croisés et les regards fixés sur l'expression du président et des cadres supérieurs.

La connaissance du langage corporel peut nous faire voir les choses sous un angle complètement différent. Nous voyons les choses sous un autre jour. Avant, nous ne savions pas quand quelqu'un nous mentait, essayait de nous piéger ou faisait de fausses promesses juste pour obtenir un avantage de notre part. Aujourd'hui, c'est différent : il suffit d'observer ses micro-gestes, sa posture, la façon dont il bouge ses mains et croise ses jambes pour savoir que quelque chose ne va pas.

L'affirmation de soi dans le langage corporel commence par la compréhension et la connaissance du corps. Nous savons pourquoi une personne porte son visage à son menton, cache une main dans l'autre, lève alternativement les sourcils ou semble faire un petit rire subtil avec ses lèvres pendant que nous lui parlons. Prendre le contrôle des gestes, en utilisant le miroir ou l'appareil photo de notre téléphone portable, peut nous donner un grand pouvoir. Si nous utilisons ces outils à notre avantage, nous aurons un grand avantage.

Commencer à être assertif en termes de langage corporel implique d'identifier clairement les attitudes, les pensées et les comportements à travers les gestes que les autres (y compris nous-mêmes) font avec notre corps, afin de prendre la meilleure décision lorsqu'il s'agit de résoudre un conflit qui commence à s'envenimer.

5- Détecter les pensées non affirmatives

Les gestes corporels tels que la tête baissée et les épaules levées sont la manifestation évidente du syndrome de l'autruche. L'insécurité se manifeste de bien d'autres façons, par exemple en cachant les mains, en marchant de manière hésitante à petits pas, en traînant les pieds (comme si l'on ne savait pas où l'on voulait aller).

- Je n'ai pas la capacité d'être un grand orateur. J'ai peur de parler en public. J'ai envie de me cacher comme une autruche, de mettre ma tête dans un trou jusqu'à ce que tout soit terminé.

- Je suis incapable d'engager une conversation avec qui que ce soit. Je suis trop timide. Je ne me considère pas comme attirant(e). Je suis trop petit(e). Je n'ai pas un bon ton de voix. J'ai envie de m'enfuir lors de rencontres sociales.

- Je ne pense pas avoir la capacité de diriger. Je suis introverti. Je ne suis pas doué pour donner des ordres. Je n'aime pas dire aux autres ce qu'ils doivent faire. Je préfère rester à l'écart et faire ce qu'on me dit de faire afin de terminer mon travail le plus rapidement possible et de pouvoir rentrer chez moi, où je me sens en sécurité dans ma zone de confort.

- J'aime être seul avec moi-même. Je ne m'intègre pas. Je préfère être dehors, dans mes pauses, avec mes écouteurs, en écoutant de la musique ou en regardant mes pages préférées, tout en marchant avec les mains dans les poches, parce que j'ai toujours très froid aux mains. En plus, elles sont assez laides et je n'aime pas que les autres les voient.

6- Détecter les émotions non affirmatives

Visage entre les mains, regarder toujours vers le bas ou vers un point fixe, mais jamais dans les yeux de votre interlocuteur. Baisser les coins de la bouche. Se gratter la tête ou avoir le dos voûté. Ce sont tous des signes d'émotions destructrices, telles que l'apathie et la mauvaise volonté.

- Je ne veux pas être en conflit avec qui que ce soit. Je veux passer inaperçu. Si j'essaie de me cacher, personne ne me remarquera. Je peux être en sécurité si je dois me présenter ou parler devant tout le monde. Je n'en suis pas capable, j'en suis totalement incapable.
- Je ne lève pas la tête, car je me sens fatiguée. Cela me pèse. Je préfère garder les yeux baissés, le dos lourd. Je suis alourdi. Je suis fatigué. Je n'ai pas envie de faire quoi que ce soit aujourd'hui. Je ne lève même pas la tête quand on vient me demander quelque chose.

7- Reconnaître les habitudes de manque d'assurance

Paresse, négligence et manque d'encouragement. Le langage corporel en dit long. La façon dont nous nous habillons, dont nous nous coiffons ou dont nous portons une coupe de cheveux peut en dire long sur nous.

- Je préfère porter cette chemise car je n'ai jamais appris à faire un nœud de cravate. De plus, les chemises à col me dérangent. Je me sens plus à l'aise en portant ces vieux t-shirts de sport ou les imprimés de mon groupe de rock préféré, même si on me dit que ce n'est pas très approprié pour le travail que j'ai.

- Je ne suis pas en mesure d'assumer cette responsabilité. De plus, ce travail est très éloigné de mon domicile. Je préfère subvenir à mes besoins avec le petit salaire que je gagne plutôt que de risquer une promotion et un bien meilleur revenu.

- Je déteste le sport et l'activité physique. Je n'aime pas transpirer beaucoup et sentir mauvais. Même si je sais que je suis en surpoids, j'aime mieux manger que de faire des sacrifices, perdre du poids en m'inscrivant dans une salle de sport ou en achetant un vélo pour faire plus d'exercice. Le médecin m'a dit que si je ne perdais pas de poids, je pourrais avoir des complications de santé. J'ai trop peur de l'opération. Il vaut mieux que je reste comme je suis.

Se cacher le visage derrière les mains est un geste qui indique une faible volonté, un manque d'énergie, une faiblesse de caractère et un manque d'initiative. C'est une attitude qui génère peu de confiance. Les mains agissent comme une barrière ou un mur derrière lequel on essaie de cacher son visage et son regard.

Lire les gestes et les attitudes dans le langage corporel, le sien et celui des autres, est une compétence qui demande du temps et de la pratique. Si nous savons ce que chacun signifie, nous savons alors exactement ce que nous pouvons attendre de cette interaction. Même si cela peut sembler magique ou surnaturel, les grands experts en primatologie, en psychologie et en langage corporel savent ce que quelqu'un dit entre les lignes. Il suffit d'observer la façon dont ils bougent, s'expriment, parlent, ou même restent apparemment immobiles, le corps humain essayant toujours de dire quelque chose.

B- Résolution des conflits par le langage corporel

En matière de résolution des conflits, le langage corporel est une arme très efficace. Avant tout, l'interaction sociale, lorsqu'il y a hostilité entre deux individus, se concentre sur la partie supérieure du tronc et la tête : les yeux, les gestes, les mains et les bras. C'est ce que nous observons en premier, car notre cerveau de mammifère se connecte aux autres par les yeux et les expressions faciales. En général, lorsqu'il y a une tension entre deux animaux, ils se tiennent d'abord dans le prolongement de leur corps, regardant leur adversaire d'en haut, le menton et la poitrine projetés vers l'extérieur ; puis, lorsqu'il s'agit de la confrontation proprement dite, les regards se baissent, observant un plan général des pattes et des bras pour esquiver ou contrer une attaque.

Notre cerveau cortical nous a fait dépasser ce stade bestial et négocier par la persuasion à travers la sémiotique de notre langage corporel, au lieu d'utiliser la force brute et la violence. Il est courant que deux personnes en désaccord ou en conflit se jaugent en se regardant de haut en bas. Il s'agit de la première étape de la négociation, que l'on peut clairement observer lors d'un litige devant les tribunaux. La gestuelle est le seul outil dans de nombreux scénarios possibles dans notre société actuelle.

Le passage de la violence tribale à la résolution des conflits de pouvoir s'est produit lorsque, comme le dit Desmond Morris dans son livre The Naked Ape, nos ancêtres primates sont sortis des forêts et ont décidé de devenir une association de chasseurs qui utilisaient leur ruse et leur intelligence pour le bien commun, plutôt que d'être des chefs solitaires exerçant leur pouvoir sur un groupe sans autre bénéfice que la soumission pour la nourriture, le territoire et le sexe.

La grégarité engendrée par l'institution de la société sédentaire a créé un instinct de coopération entre les membres. Pour chasser un spécimen de taille suffisante pour satisfaire les besoins d'un grand groupe, il fallait un consensus. Dans la mesure où le gibier était meilleur, la progéniture grandissait en bien meilleure santé et avec un meilleur cerveau, ce qui, en grandissant, lui donnait l'intelligence nécessaire pour survivre dans un environnement nettement hostile.

La tyrannie des primates irrationnels, avec un chef suprême qui règle les affaires internes par la violence et la brutalité, même si elle n'est pas idéale, reste nécessaire. La hiérarchie des plus sages, des plus expérimentés et des plus âgés est devenue nécessaire pour maintenir la subsistance du groupe. Au moment de la chasse, c'était le point le plus complexe, car il fallait se couvrir et réagir pour éviter que l'un des chasseurs ne succombe aux prédateurs qui attendaient leur part de la pyramide nutritionnelle en ces temps difficiles. Il fallait donc une autorité de fer, mais une autorité de compassion.

Au moment de la dispute, l'organisme des primates dispose de deux appareils essentiels : le système sympathique et le système parasympathique. Chacun a une fonction spécifique. Le système sympathique est prêt au combat, il dégaine son épée pour faire face à l'adversaire. L'adrénaline coule dans les veines lorsque le système sympathique lance l'alerte de la confrontation : "Allez, au combat. En avant", semble-t-il dire à votre oreille. Pendant ce temps, le système parasympathique vous dit : "Conservez vos forces, respirez. Calmez-vous et prenez la bonne décision", murmure-t-il.

Lorsque la confrontation est imminente, le système circulatoire pompe le sang dans tous les coins du corps, la respiration devient plus agitée, le visage devient rouge et les veines se dilatent. Tous les processus du corps sont mis en pause pour laisser place au "sang chaud" : c'est l'état du cerveau reptilien par excellence. Le corps est prêt à se battre.

1- Les principales expressions faciales observées dans cet état sont

- Respiration très agitée ; le cerveau a besoin d'oxygène pour lutter.
- Les pupilles sont dilatées
- La mâchoire est serrée pour éviter d'être brisée par les coups.
- La peau est rouge et chaude, en raison de la grande quantité de sang en circulation.

Pour négocier, il faut garder ces signes à l'esprit, car ils permettent de déterminer jusqu'où l'on peut aller, c'est-à-dire s'il y a une volonté de négocier ou s'il faut attendre que la situation s'apaise.

2- Quelques expressions faciales qui indiquent que ce n'est pas le bon moment pour négocier

- Les sourcils sont nettement froncés.
- Les narines s'évasent et les ailes nasales se dilatent et se contractent.
- Les lèvres sont collées, pressées l'une contre l'autre.
- Le regard est fixe.
- Les sourcils sont bas, presque au niveau des yeux.
- Poitrine et menton, projetés vers l'extérieur.

Il n'y a pas grand-chose à faire ici, car l'esprit n'écoute rien ; le corps est simplement prêt à aller au combat, il veut la confrontation. Il faut rester calme, rationnel et éviter la tentation d'entrer dans une discussion qui se termine par une bagarre imminente. Il est préférable de reprendre la négociation plus tard si l'on constate que ces signes persistent.

Lorsque l'on commence à négocier, il est bon de se pencher à nouveau sur ce que dit le corps. Une fois que le flux sanguin, l'hyperventilation et les gestes agressifs ont diminué, le système parasympathique a repris le dessus. La négociation peut alors commencer, car le cerveau est irrigué normalement, la tension musculaire et les gestes faciaux se sont calmés.

3- Expressions faciales positives

- Pas de rides sur le front. Elle est sans expression ou calme.
- Pas de rougeur ni de perles de sueur sur la peau.
- Regard franc mais détendu. Sourcils au niveau normal, parallèles aux lignes d'expression du front.
- Bouche détendue, pas crispée.
- Mâchoire sans tension des muscles maxillaires.
- La tête est au même niveau que l'orateur et le menton n'est pas poussé vers l'avant.

Dès que nous sommes confrontés à ces expressions, le cortex cérébral est disposé à négocier de manière rationnelle. Lors d'une négociation réussie, ces gestes sont essentiels, car ils témoignent d'une ouverture d'esprit à l'égard de l'autre personne. Il est donc conseillé, lors d'une négociation ou d'une conciliation entre deux personnes qui ont un conflit latent, de tenir la réunion dans un lieu plus détendu : le cerveau ne doit pas avoir l'impression d'être enfermé ou placé entre le marteau et l'enclume (par exemple, dans une pièce trop petite où l'on se voit face à face et où l'on a du mal à respirer). Un lieu ouvert, de préférence avec un courant d'air et une vue agréable, comme une terrasse ou un restaurant en plein air, est beaucoup plus convaincant.

Les mouvements qui traduisent l'anxiété, la tension et la nervosité, tels que les respirations courtes et superficielles, le fait de regarder vers le bas, de tambouriner ou d'entrecroiser les doigts, de se toucher beaucoup, de détourner le regard, de croiser les bras et les jambes ou de taper des pieds sur le sol, sont des indicateurs qui montrent qu'il faut laisser l'atmosphère s'apaiser. Lorsque vous êtes confronté à ces gestes, faites une pause et attendez que l'humeur de votre interlocuteur se détende à nouveau. Essayer de négocier dans cet état d'esprit est un gaspillage de nos efforts. Nous devons utiliser les réflexes des neurones miroirs en adoptant un comportement qui reflète la détente et le calme :

- Respiration lente et profonde
- Mains immobiles, en vue et au niveau de la poitrine.
- Montrez les paumes de vos mains et ne croisez pas les bras.
- Restez attentif avec un regard franc mais non agressif.
- Hochement de tête

C- L'haptique, le pouvoir du toucher physique

L'haptique concerne le toucher et la manière dont nous communiquons avec lui. Dans le cadre d'un comportement non verbal, la façon dont nous touchons l'autre personne lui transmet des émotions. Un léger effleurement ou un toucher sur le bras peut procurer de nombreuses sensations ; il a une nuance totalement différente de celle d'une poignée de main. Tous les touchers ne sont pas identiques ; chaque toucher -

en fonction du moment, de l'intensité et de l'endroit où il se trouve sur le corps - est chargé de sens.

Le pouvoir de l'haptique, le contact physique entre les êtres humains, a fait couler beaucoup d'encre. Des auteurs comme Elias Cannetti affirment que l'une des plus grandes peurs de notre espèce, ainsi que de la plupart des animaux sauvages, est liée au refus d'être touché. En étant touché, nous sommes vulnérables à l'autre. Nous ne savons pas quelles sont ses intentions et pourquoi il nous touche. Dans l'Antiquité, l'utilisation de vêtements tels que les gilets en métal ou en cuir étaient des extensions d'une barrière à porter. Au Moyen Âge, l'utilisation de la cotte de mailles et de l'armure visait à éloigner le plus possible de la peau les effets d'armes telles que les épées ou les flèches.

Depuis toujours, le toucher est déterminé par la confiance que l'on a en quelqu'un. Les seules personnes qui touchent le bébé, en dehors des médecins et des infirmières, sont les parents, mais surtout la mère. L'haptique est peut-être la première méthode de communication dont nous disposons. Rien qu'en touchant quelqu'un, nous savons comment il est, qui il est ; si ses mains sont rugueuses, sèches, nous pensons qu'il exerce un métier d'artisan ou d'ouvrier du bâtiment ; sinon, nous pensons que c'est un artiste, un homme d'affaires, un mannequin ou un agent de change.

Toucher l'autre, ou lui permettre de nous toucher, est un privilège qui n'est pas accordé à n'importe quel étranger. La valeur intrinsèque de l'affectivité est directement liée à l'autorisation de toucher, d'embrasser, d'étreindre et d'autres gestes de l'espace intime. Il n'y a rien de plus inconfortable dans la vie moderne que d'être entouré d'étrangers dans un bus, dans un métro ou n'importe où ailleurs. Personne n'est plus vulnérable que dans un endroit bondé comme un concert, un stade ou une manifestation de rue.

L'un des philosophes français les plus importants, Maurice Merleau-Ponty, a inventé le terme intercorporéité (intercorporialité) pour désigner l'expérience partagée de l'interaction corporelle qui détermine certaines actions de l'être social[6] . Toucher et être touché n'est pas seulement une expérience biologique, mais aussi une expérience essentiellement communicative, puisqu'un simple geste tel que toucher quelqu'un du bout du doigt peut être interprété de manière ambiguë, à la fois positivement et négativement.

Tout comme les bonobos, mais en laissant de côté le biais éminemment sexuel, les sociétés humaines ont été conçues à travers les mécanismes de la communication haptique. Même dans les hautes sphères du pouvoir politique, où le toucher peut être interprété de différentes manières, il existe des gestes de gentillesse qui se traduisent par de légers effleurements ou des accolades timides.

Dans les cultures africaines primitives, l'haptique est essentielle pour déterminer les rôles et faire exister la dynamique sociale : de nombreuses tribus utilisent souvent

---

[6] Intercorporeality : Emerging Socialities in Interaction. par Christian Meyer (Editeur), Jürgen Streeck (Editeur), J. Scott Jordan (Editeur) pp 73.

le toucher, l'effleurement et la poignée de main comme éléments complémentaires de leur langage verbal, qu'elles utilisent pour établir ou convenir de différents types de relations telles que les transactions commerciales ou pour convenir de tout autre pacte dérivé de la parole, paraphé par la proximité et le contact.

Cette obsession humaine pour l'haptique et son pouvoir est un dérivé du comportement des primates. C'est par le toucher que les primates savent reconnaître les hiérarchies dans les groupes, qu'ils réalisent leurs premiers ébats sexuels et leurs premiers essais de négociation, renforçant ainsi l'interaction sociale entre les membres.

En se touchant les lèvres et la bouche, les primates s'offrent des interactions sociales réciproques qui, à terme, leur permettent d'établir des liens, de créer des alliances et de pratiquer de futurs comportements coopératifs. Sans l'héritage des primates que nous portons dans notre génétique, la civilisation que nous connaissons aujourd'hui, avec des institutions et des organes étatiques qui organisent tout, n'existerait probablement pas.

Bien que notre cerveau cortical soit rationnel et veuille laisser les émotions de côté, nos mécanismes de survie ont besoin du toucher : c'est un geste non verbal qui donne confiance, sécurise et permet de créer un lien social beaucoup plus étroit qu'une interaction purement verbale.

CONCLUSION

Après avoir vu toutes les différentes façons dont le corps se manifeste, sans utiliser la parole, qui est notre mode de communication le plus habituel, nous pouvons comprendre beaucoup plus clairement pourquoi nous avons tendance à entrer en conflit dans nos interactions sociales, tout en comprenant comment résoudre au mieux les différends découlant de la vaste sémiotique du langage corporel. La complexité du langage corporel fait qu'il est de plus en plus fréquent de recourir aux anciennes stratégies que les primates ont utilisées et continuent d'utiliser depuis des dizaines de milliers d'années pour régler des questions aussi triviales qu'une dispute amoureuse ou la résolution d'un conflit géopolitique.

Bien que nous utilisions constamment notre langue comme un code complexe plein d'ambiguïtés, d'euphémismes et de formules pour exprimer nos pensées de différentes manières, nous ne sommes pas suffisamment conscients des implications du langage corporel dans la vie de tous les jours. Aujourd'hui, l'avènement d'Internet a conduit des millions de personnes, indépendamment de leur culture et de leur langue, à utiliser un langage corporel silencieux mais puissant.

Des millions de photos et de vidéos envahissent les pages des moteurs de recherche et des principales plateformes de médias sociaux dans le but d'obtenir la validation et l'approbation des autres. Un flot d'influenceurs et de créateurs de contenu, qui gagnent des millions de dollars en vues, reçoivent des commentaires et incitent les spectateurs à réagir. Certaines des vidéos les plus regardées sur l'internet sont simples : des animaux qui mangent, des jeux ou des personnes qui interagissent pour voir comment les autres réagissent à une caméra cachée, à une blague ou à un défi.

Comment se fait-il qu'un geste élémentaire soit si largement accepté et que rien d'autre ne soit posté sur les médias sociaux ?

Notre réaction est peut-être due aux réactions de notre cerveau primate. Nous sommes amusés de voir une expression authentique de colère, de rire ou d'indignation se refléter sur le visage des autres. Le mécanisme des neurones miroirs, qui nous fait réagir par une émotion, est lié à notre façon de bouger, d'agiter les mains et les bras ou de courir.

Le langage corporel régit chacune des actions, conscientes ou non, que nous entreprenons tout au long de la journée. Nous sommes soumis au diktat de nos gestes, du mouvement de notre corps, de la distance que nous prenons, de notre regard ou de notre assise lors d'une réunion, à l'église ou au travail.

Même lorsque nous sommes endormis, totalement absents du monde et de ses complexités, notre corps parle encore à travers nous par le biais du langage corporel.

BIBLIOGRAPHIE

- Le grand guide du langage non verbal. Paidós. Teresa Baró.
- Le langage non verbal pour les nuls. Elizabeth Kuhnke
- Le langage du corps. Allan et Barbara Please
- Le corps parle. Joe Navarro.
- Dictionnaire du langage non verbal. Joe Navarro.
- Comment analyser les personnes. Robert Leary.
- Langage corporel Apprenez à lire les autres et à communiquer avec confiance. Elizabeth Kuhnke
- Communication non verbale. Alianza Editorial. Flora Davis.
- Le singe qui sommeille en chacun de nous. Frans de Waal.
- Le singe nu. Desmond Morris.

9 798868 928635